PRAVA PERUJSKA ODISEJA ULIČNE HRANE

Raziskovanje pristnih okusov perujske ulične hrane

NIK TURK

Avtorsko gradivo ©2023

Vse pravice pridržane

Nobenega dela te knjige ni dovoljeno uporabljati ali prenašati v kakršni koli obliki ali na kakršen koli način brez ustreznega pisnega soglasja založnika in lastnika avtorskih pravic, razen kratkih citatov, uporabljenih v recenziji. Ta knjiga se ne sme obravnavati kot nadomestilo za zdravniški, pravni ali drug strokovni nasvet.

KAZALO

KAZALO 3
UVOD 6
ZAJTRK 7
   1. Picaroni/perujski krofi 8
   2. Tacu Tacu/palačinka iz fižola in riža 10
   3. Perujska kaša iz kvinoje / Quinua Atamalada 13
   4. Tortilla de Espinaca / špinačna omleta 15
   5. Champorado / čokoladna riževa kaša 17
   6. Sangrecita 19
   7. Perujski trojni sendviči 21
   8. Rdeči čilaki z ocvrtimi jajci 23
   9. Paradižnik in ocvrt jajčni zajtrk na toastu 26
PREDJEDI IN PRIGRIZKI 28
   10. Pan con Chicharrón / svinjski sendvič 29
   11. Tamales Peruanos /perujski tamales 31
   12. Patakoni/ocvrti trpotci 33
   13. Ceviche iz bele ribe 35
   14. Tiradito/ začinjen mariniran Ceviche 37
   15. Ceviche de Conchas Negras/črna školjka Ceviche 39
   16. Papa Rellena/polnjeni krompir 41
   17. Tequeños/sirne palčke z omako za namakanje 44
   18. Yuca Fries 46
   19. perujski Ceviche 48
   20. Krompir Papa a la Huancaína/Huancayo 50
   21. Palta Rellena / Polnjen avokado 52
TESTENINE 54
   22. Carapulcra con Sopa Seca 55
   23. Tofu Lomo Saltado solata 57
   24. Zeleni špageti 59
   25. Zelena omaka z Linguine 61
   26. Tallarines Rojos (rdeča omaka za rezance) 63
   27. Tallarines Verdes con Pollo (zeleni rezanci s piščancem) 65
ZELENJAVNE GLAVNE ELEMENTI IN SOLATE 67
   28. Krompirjeva enolončnica Causa Limeña/Lima 68
   29. Rocoto Relleno/polnjene paprike rokoto 70
   30. Carapulcra/posušena krompirjeva enolončnica 73
   31. Solterito/perujska solata 75
   32. Začinjena krompirjeva terina (Causa Rellena) 77

33. Ensalada de Pallares (perujska fižolova solata Lima) 79
34. Solata Aji de Gallina 81
35. Ensalada de Quinua (solata iz kvinoje) 83
36. Lima fižol v koriandrovi omaki 85
37. Solterito de Quinua (Kvinojina solterito solata) 87

GOVEDINA, JAGNJETINA IN SVINJINA 89
38. Pachamanca / Andsko meso in zelenjava 90
39. Carne a la Tacneña/govedina na način Tacna 93
40. Seco de Cordero/jagnječja obara 96
41. Lomo Saltado /pečena govedina 98
42. Tacacho con Cecina/ocvrta banana in suho meso 100
43. Adobo/Marinirana svinjska enolončnica 102
44. Causa de Pollo (perujska enolončnica s piščancem in krompirjem) 104
45. Cordero a la Nortena (jagnjetina na severnjaški način) 106
46. Anticuchos / Goveje srce na žaru Nabodala 108

PERUTNINA 110
47. Estofado de Pollo/piščančja enolončnica 111
48. Arroz con Pato/Račji riž 114
49. Pollo a la Brasa/Rotisserie Chicken 117
50. Aji de Gallina /piščanec v poprovi omaki Aji 119
51. Causa de Pollo/Chicken Causa 122
52. Arroz Chaufa/perujski ocvrt riž 125
53. Arroz con Pollo (perujski piščanec in riž) 128
54. Papa a la Huancaína con Pollo 130
55. Aguadito de Pollo (perujska piščančja in riževa juha) 132
56. Piščanec in krompir Pachamanca 134
57. Aji de Pollo (piščanec v pikantni omaki Aji) 136
58. Quinotto con Pollo (rižota s piščancem in kvinojo) 138

MORSKI PRAŠIČEK 140
59. Picante de Cuy/enolončnica z morskimi prašički 141
60. Cuy Chactado (ocvrti morski prašiček) 144
61. Pachamanca de Cuy (morski prašiček, pečen v podzemni pečici) 146
62. Cuy al Horno (pečen morski prašiček) 148
63. Cuy con Papa a la Huancaina 150
64. Cuy Saltado (pečen morski prašiček) 152
65. Cuy en Salsa de Mani (morski prašiček v arašidovi omaki) 154

RIBE IN MORSKI SADEŽI 156
66. Trucha a la Plancha/postrvi na žaru 157
67. Parihuela/juha z morskimi sadeži 159
68. Z limeto marinirane surove ribe (Cebiche) 162
69. Causa Rellena de Atún (tuna polnjena Causa) 164

70. Chupe de Camarones/juha iz kozic 166
71. Chupe de Pescado/ribja juha 169
72. Arroz con Mariscos/riž z morskimi sadeži 172
73. Escabeche de Pescado/kisle ribe 175

JUHJI **178**
74. Krompirjeva juha Chupe de Ollucos/Olluco 179
75. Chupe de Camote/juha iz sladkega krompirja 181
76. Juha s piščancem in cilantrom (Aguadito de Pollo) 183
77. Chupe de Lentejas/juha iz leče 185
78. Chupe de Quinua/Quinoa Chowder 188
79. Chupe de Pallares Verdes/juha iz stročjega fižola 190
80. Chupe de Papa/krompirjeva juha 193

SLADICA **196**
81. Humitas/Dušene koruzne pogače 197
82. Arroz con Leche/rižev puding 199
83. Mazamorra Morada/vijolični koruzni puding 201
84. Mazamorra de Quinua/puding iz kvinoje 204
85. Frejol Colado/fižolov puding 206
86. Sendviči s karamelnimi piškoti (Alfajores) 208
87. Torta Tres Leches (Pastel de Tres Leches) 210
88. Suspiro a la Limeña (perujska sladica s karamelo in meringue) 212
89. Mazamorra Morada /vijolični koruzni puding 214
90. Picarones (perujski bučni krofi s sirupom) 216
91. Alfajores de Maicena (perujski koruzni škrob Alfajores) 218
92. Helado de Lucuma (sladoled Lucuma) 220

PIJAČE **222**
93. Chicha de Jora/fermentirano koruzno pivo 223
94. Chicha Morada/vijolična koruzna pijača 226
95. Inca Kola (perujska rumena soda) 228
96. Maracuyá Sour (kisla pasijonka) 230
97. Čaj iz koke (Mate de Coca) 232
98. Jugos Naturales (sveži sadni sokovi) 234
99. Pisko udarec 236
100. Coctel de Camu Camu (sadni koktajl Camu Camu) 238

ZAKLJUČEK **240**

UVOD

Dobrodošli na «Prava perujska odiseja ulične hrane», razburljivem kulinaričnem potovanju, ki bo vaše brbončice poneslo na živahne ulice Peruja. V tej pustolovščini se bomo poglobili v osrčje živahne kulture ulične hrane v Peruju, kjer vonj po cvrčečih nabodalih in klepetanje navdušenih prodajalcev ustvarita vzdušje kot nobeno drugo.

Perujska ulična hrana je mozaik okusov, odsev njegove bogate zgodovine in raznolikih vplivov. Ko se podajamo na to odisejado, boste imeli priložnost raziskati pristne okuse in tradicije, ki opredeljujejo perujsko ulično kuhinjo. Od svetovno znanih antikuhov do manj znanih draguljev, odkrili bomo skrivnosti teh prijetnih jedi, ki so osvojile srca in brbončice domačinov in popotnikov.

Pripravite se na navdih, ko delimo zgodbe o prodajalcih, sestavinah in tehnikah, zaradi katerih je perujska ulična hrana resnično nepozabna izkušnja. Ne glede na to, ali ste izkušen kulinaričar ali ste novi v svetu perujskih okusov, vas ta knjiga vabi, da okusite bistvo Peruja, en grižljaj naenkrat. Torej, odpravimo se na to slano odisejado in skupaj bomo odkrivali pristne okuse perujske ulične hrane.

ZAJTRK

1. Picaroni/perujski krofi

SESTAVINE:
- 2 skodelici bučnega pireja
- 2 skodelici sladkega krompirjevega pireja
- 1 skodelica večnamenske moke
- 1/4 skodelice koruznega škroba
- 1 čajna žlička aktivni suhi kvas
- 1 čajna žlička sladkor
- 1/2 žličke mleti cimet
- 1/4 žličke mleti klinčki
- 1/4 žličke mlet janež
- 1/2 žličke sol
- Rastlinsko olje, za cvrtje
- 1 skodelica melase ali chancaca sirupa za serviranje
- 1/2 skodelice opečenih sezamovih semen, za okras

NAVODILA:
a) V veliki skledi zmešajte bučni pire in pire iz sladkega krompirja.
b) Dobro premešajte, da se poveže.
c) V ločeni majhni skledi raztopite aktivni suhi kvas in sladkor v 1/4 skodelice tople vode. Pustite stati 5 minut ali dokler ne postane penasto.
d) Kvasno mešanico dodamo bučnemu in sladkemu krompirjevemu pireju. Mešajte, dokler se dobro ne vključi.
e) V drugo skledo presejte večnamensko moko, koruzni škrob, mleti cimet, mlete nageljnove žbice, mleti janež in sol.
f) Mešanici buče in sladkega krompirja postopoma dodajajte suhe sestavine in ob stalnem mešanju dobite gladko in lepljivo testo. Testo pustimo počivati 30 minut, da se okusi razvijejo.
g) V veliki globoki ponvi ali nizozemski pečici segrejte rastlinsko olje na srednje močnem ognju na približno 350 °F (175 °C).
h) Z žlico ali cevno vrečko s široko konico previdno spustite kepice testa v vroče olje in jih oblikujte v majhne kolobarje ali diske. Pecite Picarones/perujske krofe v serijah, pri čemer pazite, da ne prenatrpate ponve.
i) Picarones/perujske krofe cvremo približno 3-4 minute na vsaki strani ali dokler ne postanejo zlato rjavi in hrustljavi. Z žlico z režami jih preložite na krožnik, obložen s papirnato brisačo, da odteče odvečno olje.
j) Picarones/perujske krofe postrezite tople, pokapljane z melaso ali chancaca sirupom in posute s popraženimi sezamovimi semeni.

2.Tacu Tacu/palačinka iz fižola in riža

SESTAVINE:
- 2 skodelici kuhanega belega riža
- 1 skodelica kuhanih in začinjenih kanarčkov ali črnega fižola
- 1/2 skodelice na drobno narezane kuhane slanine ali pancete
- 1/2 skodelice drobno narezanega kuhanega ostanka mesa (kot je govedina, piščanec ali svinjina)
- 1/4 skodelice drobno sesekljane čebule
- 2 stroka česna, nasekljana
- 1 čajna žlička kumina
- Sol, po okusu
- Sveže mleti črni poper, po okusu
- Rastlinsko olje, za cvrtje
- Ocvrta jajca, za serviranje (neobvezno)
- Salsa criolla (perujska salsa s čebulo in paradižnikom), za serviranje (neobvezno)

NAVODILA:
a) V veliki skledi zmešajte kuhan beli riž in kuhan kanarček ali črni fižol.
b) Pretlačite jih skupaj z vilicami ali stiskalnikom za krompir, dokler se dobro ne združijo. Zmes naj drži skupaj.
c) V ponvi na srednjem ognju segrejte majhno količino rastlinskega olja.
d) Dodamo na kocke narezano slanino ali panceto in jo hrustljavo popečemo. Slanino vzamemo iz ponve in jo odstavimo, stopljeno maščobo pustimo v ponvi.
e) V isto ponev s stopljeno maščobo dodamo drobno sesekljano čebulo in sesekljan česen. Pražimo, dokler čebula ne postekleni in zadiši.
f) V ponev dodamo na kocke narezano kuhano meso in kuhamo nekaj minut, dokler se ne segreje.
g) Dodajte pretlačen riž in mešanico fižola v ponev, skupaj s kuhano slanino.
h) Vse skupaj dobro premešamo, da se sestavine enakomerno porazdelijo.
i) Začinite s kumino, soljo in črnim poprom po okusu.
j) Kuhajte še nekaj minut, da se okusi prepojijo.
k) Odstranite mešanico iz ponve in pustite, da se nekoliko ohladi.
l) Zmes razdelite na porcije in jih oblikujte v okrogle ali ovalne polpete, debele približno 1/2 do 3/4 palca.
m) V čisti ponvi na srednjem ognju segrejte toliko rastlinskega olja, da prekrije dno ponve.
n) Dodajte oblikovane polpete Tacu Tacu/pire iz fižola in riževih palačink ter jih pecite do zlato rjave in hrustljave barve na obeh straneh, približno 3-4 minute na stran.
o) Polpete Tacu Tacu/pire iz fižola in riževih palačink odstranite iz ponve in jih odcedite na krožniku, obloženem s papirnato brisačo, da odstranite odvečno olje.
p) Palačinko Tacu Tacu/pire iz fižola in riža postrezite vročo z neobveznimi ocvrtimi jajci na vrhu in prilogo salsa criolla za dodaten okus in svežino.

3. Perujska kaša iz kvinoje / Quinua Atamalada

SESTAVINE:
- 1 skodelica kvinoje
- 3 skodelice vode
- 1 skodelica mleka
- 1/2 skodelice sladkorja (prilagodite okusu)
- 1 cimetova palčka
- 1 čajna žlička vanilijevega ekstrakta
- Rozine in sesekljani orehi za okras

NAVODILA:
a) Kvinojo temeljito sperite pod hladno vodo.
b) V ponvi zmešajte kvinojo, vodo in cimetovo palčko. Zavremo, nato zmanjšamo ogenj in pustimo vreti približno 15-20 minut oziroma toliko časa, da se kvinoja skuha in zmes zgosti.
c) Dodajte mleko, sladkor in vanilijev ekstrakt. Premešajte in nadaljujte s kuhanjem še 10-15 minut.
d) Odstranite cimetovo palčko.
e) Kvinojino kašo postrezite vročo, okrašeno z rozinami in sesekljanimi oreščki.

4. Tortilla de Espinaca / špinačna omleta

SESTAVINE:
- 4 jajca
- 1 skodelica sveže narezane špinače
- 1/2 skodelice na kocke narezane paprike
- 1/2 skodelice narezane čebule
- 1/2 skodelice naribanega sira
- Sol in poper po okusu
- Oljčno olje za kuhanje

NAVODILA:
a) V skledi stepemo jajca in dodamo sesekljano špinačo, na kocke narezano papriko, na kocke narezano čebulo in nastrgan sir. Začinimo s soljo in poprom.
b) V ponvi proti prijemanju na zmernem ognju segrejte olivno olje.
c) Jajčno mešanico vlijemo v ponev in kuhamo, dokler se robovi ne začnejo strjevati.
d) Omleto previdno obrnite in kuhajte, dokler ni kuhana in se sir stopi.
e) Postrezite toplo.

5. Champorado / čokoladna riževa kaša

SESTAVINE:
- 1 skodelica lepljivega riža
- 4 skodelice vode
- 1/2 skodelice kakava v prahu
- 1/2 skodelice sladkorja (prilagodite okusu)
- 1/2 skodelice evaporiranega mleka
- Ščepec soli
- Nariban kokos ali kondenzirano mleko za okras

NAVODILA:
a) V loncu zmešajte lepljivi riž in vodo. Zavremo in pustimo vreti, da se riž skuha in zmes zgosti.
b) V ločeni skledi zmešajte kakav v prahu, sladkor, evaporirano mleko in ščepec soli, da dobite čokoladno omako.
c) Čokoladno omako zmešamo s kuhanim rižem in dobro premešamo.
d) Postrezite vroče, okrašeno z naribanim kokosom ali kondenziranim mlekom.

6.Sangrecita

SESTAVINE:
- 500 gramov piščančje krvi
- 40 ml polnomastne smetane
- 3 žlice oljčnega olja ali govejega pomaka.
- 2 srednje sesekljani čebuli
- 1 glavica sesekljanega česna
- 1 manjša feferonka
- Origano
- Sesekljana poprova meta in koriander
- Sol

NAVODILA:
a) Piščančjo kri postavimo v hladilnik, da se ohladi.
b) Na oljčnem olju do 10 minut pražimo česen, čebulo in poper.
c) Dodamo sesekljana zelišča, sol.
d) Odstranimo kri, narežemo na majhne kocke in dodamo mešanici.
e) Dobro premešamo.
f) Dodamo še malo olja in solimo po okusu.

7.Perujski trojni sendviči

SESTAVINE:
- 4 jajca
- ¼ skodelice majoneze
- 8 rezin belega sendvič kruha, odstranjene skorje
- 1 velik zrel avokado
- 1 trto zrel paradižnik, narezan
- ½ žličke vsake soli in popra, razdeljeno

NAVODILA:
a) V ponev položite jajca v eni plasti. Pokrijte za 1 palec (2,5) cm s hladno vodo.
b) Ponev postavite na močan ogenj in vodo zavrite.
c) Postavite tesno prilegajoč pokrov na ponev in odstranite z ognja. Pustite stati 6 minut.
d) Odcedite vodo in postavite jajca pod mrzlo tekočo vodo za 1 minuto ali dokler se dovolj ne ohladijo, da jih lahko uporabljate. Olupite in narežite vsako jajce.
e) Eno stran vsake rezine kruha namažite s tanko plastjo majoneze.
f) Avokado enakomerno razdelite na 2 kosa kruha; začinite z nekaj soli in popra. Na vrh avokada položite kos kruha, stran z majonezo navzgor.
g) Paradižnik enakomerno porazdelite po 2 kosih kruha; začinite z nekaj soli in popra.
h) Vrh paradižnika s tretjim kosom kruha; majoneza navzgor. Narezana jajca enakomerno porazdelite po 2 kosih kruha; začinite s preostalo soljo in poprom.
i) Na vrh z zadnjim kosom kruha; majonezo navzdol.
j) Vsak sendvič prerežite na pol, da dobite 4 porcije.

8. Rdeči čilaki z ocvrtimi jajci

SESTAVINE:
ZA OMAKO:
- Ena 12-unčna pločevinka pelatov, skupaj z 1/2 skodelice priloženih sokov
- 1 jalapeño, vključno s semeni, grobo sesekljan
- 1 majhna bela čebula, narezana na kocke
- 2 papriki v adobo omaki
- 4 stroki česna
- 1/4 skodelice grobo sesekljanega svežega cilantra
- 2 žlici rastlinskega olja
- 1 žlica agavinega nektarja
- Ščepec soli

ZA MONTAŽO:
- Rastlinsko olje za cvrtje
- Koruzne tortilje, narezane ali natrgane na trikotnike
- Sol in poper
- Nariban sir Monterey Jack
- Cotija sir
- jajca
- Svež cilantro

NAVODILA:

a) Začnite tako, da vse sestavine omake, razen olja, agave in soli, postavite v mešalnik in mešajte, dokler ne dobite gladke konsistence. V veliki ponvi na zmernem ognju segrejte rastlinsko olje, nato dodajte zmešano omako in mešajte, dokler se ne zgosti.

b) Vmešajte agavo in sol. Tukaj se lahko srečate s svojim začetnim izzivom, ki je upreti se skušnjavi, da bi zaužili vso omako ali jo požrli neposredno iz ponve z vrečko Tostitosa. Bodite zadržani. (Omako lahko pripravimo vnaprej, jo ohladimo in hranimo v hladilniku do en dan.)

SESTAVI

c) Predgrejte brojlerja in začnite cvreti tortilje. V ponvi segrejte približno 1/4 palca olja in v serijah prepražite trikotnike tortilje, jih obrnite do polovice, dokler ne postanejo nekoliko hrustljavi, vendar ne povsem hrustljavi.

d) Ocvrte tortilje odcedimo na papirnati brisači in jih rahlo posolimo. To je vaš naslednji izziv: skušnjava, da bi zaužili vso omako s temi skoraj čipsi. Vendar se morate upreti.

e) V izbrano posodo (uporabite enolončnico ali litoželezno ponev za večjo skupino ali pekač za pite ali krožnik za cvrčanje za manjšo skupino) razporedite plast tortilj, ki jih sproti prekrivajte. Preko njih z žlico prelijte omako do želene stopnje pikantnosti (na splošno velja, da je več, bolje je), nato pa jih velikodušno prekrijte z obema siroma. Sprejemljivo je, da je to videti nekoliko juhasto; pravzaprav bi morala. Mešanico pražite, dokler se sir ne stopi. Na tej stopnji ne poskušajte uporabiti vilic.

f) V majhni ponvi prepražite jajca, pazite, da rumenjaki ostanejo nekuhani, saj veste, kaj vas čaka.

g) V posamezne sklede zajemajte porcije ostrega tortiljinega zvarka, dodajte jajce ali dve, nekaj svežega cilantra ter začinite s soljo in poprom.

9. Paradižnik in ocvrt jajčni zajtrk na toastu

SESTAVINE:
- 4 debele rezine podeželskega kruha
- Olivno olje
- 1 velik strok česna, olupljen
- 1 velik zrel paradižnik, prepolovljen
- 4 velika jajca
- Sol in poper

NAVODILA:
a) Obe strani debele rezine kruha premažite z malo oljčnega olja in popecite v pečici ali opekaču kruha pri približno 375 °F, dokler ne postanejo zlate in hrustljave.
b) Ko so toasti pripravljeni, jih vzamemo iz pečice in izdatno natremo z olupljenim strokom česna, nato pa z odrezano stranjo paradižnika.
c) Med drgnjenjem ne pozabite stisniti paradižnikove sočne notranjosti na toaste. Toaste potresemo s ščepcem soli in popra.
d) V veliko ponev ali ponev dodajte tanko plast oljčnega olja in ga segrejte na srednje močnem ognju.
e) V ponev razbijemo jajca, jih začinimo s soljo in poprom, nato ponev pokrijemo in kuhamo toliko časa, da se beljak strdi, rumenjaki pa naj ostanejo tekoči. Na vsak kos toasta položimo eno ocvrto jajce in postrežemo.
f) Uživajte v okusnem zajtrku!

PREDJEDI IN PRIGRIZKI

10.Pan con Chicharrón / svinjski sendvič

SESTAVINE:
- 4 majhne žemljice (kot so ciabatta ali francoske žemljice)
- 1 lb svinjske plečetke, narezane na tanke rezine
- 2 stroka česna, nasekljana
- 1 čajna žlička kumine
- 1/2 čajne žličke paprike
- Sol in poper po okusu
- Narezan sladki krompir
- Salsa criolla (čebula, limetin sok in čili poper) za preliv

NAVODILA:
a) V skledi mariniramo svinjske rezine s česnom, kumino, papriko, soljo in poprom. Pustite, da se marinira vsaj 30 minut.
b) V ponvi segrejte nekaj olja in prepražite marinirano svinjino, da postane hrustljava in pečena.
c) Žemljice prerežite na pol in položite kuhano svinjino, narezan sladki krompir in salso criollo.
d) Zvitke zapremo in vroče postrežemo.

11. Tamales Peruanos / perujski tamales

SESTAVINE:
- 2 skodelici masa harina (koruzna moka)
- 1/2 skodelice rastlinskega olja
- 1 skodelica piščančje ali svinjske juhe
- 1 čajna žlička aji amarillo paste (perujska rumena čili pasta)
- 1/2 skodelice kuhanega in narezanega piščanca ali svinjine
- 2 kuhani jajci, narezani na rezine
- Narezane olive in rozine za nadev
- Bananini listi ali koruzni olupki za zavijanje

NAVODILA:
a) V veliki skledi zmešajte masa harino, rastlinsko olje, piščančjo ali svinjsko juho in pasto aji amarillo. Mešajte dokler ne dobite gladkega testa.
b) Vzamemo bananin list ali koruzno lupino, nanj položimo žlico testa in ga razporedimo.
c) Na sredino testa dodamo rezino jajca, nekaj naribanega mesa, olive in rozine.
d) Zložite bananin list ali koruzno lupino, da zavijete tamale in ustvarite lično embalažo.
e) Tamale kuhajte na pari približno 45 minut do 1 ure, dokler niso kuhani in čvrsti.
f) Po želji tamale postrezite z dodatno salso criollo ali aji omako.

12. Patakoni/ocvrti trpotci

SESTAVINE:
- 2 zeleni trpotci
- Rastlinsko olje za cvrtje
- Sol po okusu

NAVODILA:
a) Začnite z lupljenjem zelenih trpotcev. To storite tako, da trpotcu odrežete konce in vzdolž kože naredite zarezo. Lupino odstranite tako, da jo potegnete stran od trpotca.
b) Trpotec narežite na debele rezine, debele približno 2,5 cm.
c) V globoki ponvi ali ponvi na srednjem ognju segrejte rastlinsko olje. Prepričajte se, da je dovolj olja, da popolnoma potopite rezine trpotca.
d) Na segreto olje previdno dodamo rezine trpotca in jih pražimo približno 3-4 minute na vsaki strani oziroma toliko časa, da zlato porjavijo.
e) Ocvrte rezine trpotca poberemo iz olja in položimo na krožnik, obložen s papirnato brisačo, da se odvečno olje odcedi.
f) Vzemite vsako ocvrto rezino trpotca in jo sploščite z dnom kozarca ali kuhinjskim pripomočkom, ki je posebej namenjen za sploščenje.
g) Na segreto olje vrnemo sploščene rezine trpotca in jih pražimo še 2-3 minute na vsaki strani, da postanejo hrustljavi in zlato rjavi.
h) Ko so ocvrti do želene stopnje hrustljavosti, odstranite patakone/ocvrte trpotce iz olja in jih položite na krožnik, obložen s papirnato brisačo, da odteče odvečno olje.
i) Patakone/ocvrte trpotce potresemo s soljo po okusu, ko so še vroče.
j) Patakone/ocvrte trpotce postrezite kot prilogo ali kot osnovo za prelive ali nadeve, kot so guacamole, salsa ali narezano meso.

13. Ceviche iz bele ribe

SESTAVINE:
- 1 funt svežih filejev bele ribe (na primer iverke ali hlastača), narezanih na koščke velikosti
- 1 skodelica svežega limetinega soka
- 1 majhna rdeča čebula, narezana na tanke rezine
- 1-2 sveži papriki rocoto ali habanero, brez semen in drobno narezani
- 1/2 skodelice sesekljanega svežega cilantra
- 1/4 skodelice sesekljanih listov sveže mete
- 2 stroka česna, nasekljana
- Sol, po okusu
- Sveže mleti črni poper, po okusu
- 1 sladki krompir, kuhan in narezan
- 1 koruzni klas, kuhan in očiščen zrn
- Listi zelene solate, za serviranje

NAVODILA:
a) V skledi, ki ne reagira, zmešajte koščke rib z limetinim sokom in pazite, da so ribe popolnoma prekrite.
b) Pustite, da se marinira v hladilniku približno 20-30 minut, dokler riba ne postane neprozorna.
c) Iz rib odcedite limetin sok in zavrzite sok.
d) V ločeni skledi zmešajte marinirano ribo z rdečo čebulo, papriko rocoto ali habanero, koriandrom, meto in česnom. Nežno premešajte, da se združi.
e) Po okusu začinimo s soljo in sveže mletim črnim poprom. Količino rocoto ali habanero paprike prilagodite glede na želeno stopnjo pikantnosti.
f) Pustite, da se ceviche marinira v hladilniku dodatnih 10-15 minut, da se okusi prepojijo.
g) Ceviche postrezite ohlajen na posteljici iz solatnih listov, okrašen z rezinami kuhanega sladkega krompirja in koruznimi zrni.

14. Tiradito/ začinjen mariniran Ceviche

SESTAVINE:
- 1 funt svežih ribjih filejev (kot je iverka, morski list ali hlastač), narezan na tanke rezine
- Sok 3-4 limet
- 2 žlici. ají pasta amarillo
- 2 stroka česna, nasekljana
- 1 žlica sojina omaka
- 1 žlica olivno olje
- 1 čajna žlička sladkor
- Sol, po okusu
- Poper, po okusu
- Svež cilantro, sesekljan, za okras
- Rdeča čebula, narezana na tanke rezine, za okras
- Rokoto poper ali rdeča čili paprika, narezana na tanke rezine, za okras

NAVODILA:
a) Na tanke rezine narezane ribje fileje položimo v plitko posodo.
b) V skledi zmešajte limetin sok, pasto ají amarillo, sesekljan česen, sojino omako, olivno olje, sladkor, sol in poper. Mešajte skupaj, dokler ni dobro združeno.
c) Ribe prelijte z marinado in pazite, da bo vsaka rezina enakomerno prekrita.
d) Pustite, da se ribe marinirajo v hladilniku približno 10-15 minut. Kislost limetinega soka bo ribo rahlo "skuhala".
e) Marinirane ribje rezine razporedimo po servirnem krožniku.
f) Nekaj marinade pokapajte po ribah kot preliv.
g) Tiradito/perujski ceviche okrasite s sesekljanim svežim cilantrom, na tanke rezine narezano rdečo čebulo in narezano rocoto papriko ali rdečo papriko čili.
h) Tiradito/perujski ceviche takoj postrezite kot predjed ali lahko glavno jed.

15. Ceviche de Conchas Negras/črna školjka Ceviche

SESTAVINE:
- 1 funt svežih črnih školjk (conchas negras), očiščenih in oluščenih
- 1 rdeča čebula, narezana na tanke rezine
- 2-3 rocoto paprike ali druge pikantne čili paprike, drobno sesekljane
- 1 skodelica sveže iztisnjenega limetinega soka
- 1/2 skodelice sveže iztisnjenega limoninega soka
- Sol po okusu
- Sveži listi cilantra, sesekljani
- Koruzna zrna (neobvezno)
- Sladki krompir, kuhan in narezan (neobvezno)
- Listi zelene solate (neobvezno)

NAVODILA:
a) Črne školjke temeljito sperite pod mrzlo vodo, da odstranite pesek ali pesek. Previdno oluščite školjke, zavrzite lupine in prihranite meso. Meso školjk narežemo na grižljaj velike kose.
b) V nereaktivni skledi zmešajte sesekljane črne školjke, rezine rdeče čebule in rocoto ali čili papriko.
c) Mešanico školjk prelijte s sveže iztisnjenim limetinim in limoninim sokom, pri čemer pazite, da so vse sestavine prekrite s sokom citrusov. To bo pomagalo "skuhati" školjke.
d) Po okusu začinimo s soljo in vse skupaj nežno premešamo.
e) Skledo pokrijemo s plastično folijo in ohladimo za približno 30 minut do 1 ure. V tem času bo kislina iz soka citrusov še dodatno marinirala in »skuhala« školjke.
f) Pred serviranjem okusite ceviche in po potrebi prilagodite začimbe.
g) Okrasite s sveže narezanimi listi cilantra.
h) Izbirno: ceviche postrezite s kuhanimi koruznimi zrnji, narezanim sladkim krompirjem in listi zelene solate za dodatno teksturo in prilogo.
i) Ceviche de Conchas Negras/Black Clam Ceviche postrezite ohlajen kot predjed ali glavno jed. Uživajte ob popečenih koruznih zrnih (cancha) ali hrustljavih koruznih tortiljah.
j) Opomba: pomembno je, da za ta ceviche uporabite sveže in visokokakovostne črne školjke. Prepričajte se, da so školjke pridobljene od zanesljivih dobaviteljev morske hrane in da so pred uporabo ustrezno očiščene.

16. Papa Rellena / polnjeni krompir

SESTAVINE:
- 4 veliki krompirji, olupljeni in na četrtine narezani
- 1 žlica rastlinsko olje
- 1 majhna čebula, drobno sesekljana
- 2 stroka česna, nasekljana
- 1/2 funta mlete govedine ali mletega mesa po vaši izbiri
- 1 čajna žlička mleta kumina
- 1/2 žličke paprika
- Sol in poper po okusu
- 2 trdo kuhani jajci, sesekljani
- 12 oliv, izkoščičenih in nasekljanih
- Rastlinsko olje za cvrtje

NAVODILA:
a) Krompir damo v velik lonec s slano vodo in ga zavremo.
b) Krompir kuhajte, dokler se ne zmehča, približno 15-20 minut.
c) Krompir odcedimo in ga prestavimo v veliko skledo.
d) Krompir pretlačite do gladkega in odstavite.
e) V ponvi na srednjem ognju segrejte rastlinsko olje.
f) Dodamo sesekljano čebulo in sesekljan česen ter pražimo, dokler nista mehka in prozorna.
g) V ponev dodajte mleto goveje meso in kuhajte, dokler ne porjavi in ni popolnoma kuhano. Morebitne večje kose mesa razrežite z žlico.
h) Mesno zmes začinimo z mleto kumino, papriko, soljo in poprom. Dobro premešamo, da se začimbe enakomerno povežejo.
i) Ponev odstavimo z ognja in vanjo vmešamo nasekljana trdo kuhana jajca in olive.
j) Vse skupaj mešajte, dokler ni dobro vključeno.
k) Vzemite del pire krompirja (približno velikosti majhne teniške žogice) in ga sploščite v roki. Na sredino sploščenega krompirja damo žlico mesne zmesi in okoli nadeva oblikujemo krompirjevo testo v kroglico. Postopek ponovimo s preostalim pire krompirjem in mešanico mesa.
l) V veliki ponvi ali cvrtniku segrejte dovolj rastlinskega olja za cvrtje na srednjem ognju. Krompirjeve kroglice previdno polagamo v segreto olje in jih cvremo toliko časa, da postanejo zlatorjave in hrustljave z vseh strani. Odstranite Papa Rellena/polnjeni krompir iz olja in jih odcedite na krožniku, obloženem s papirnato brisačo.
m) Papa Rellena/polnjeni krompir postrezite vroč kot predjed ali glavno jed. Uživate jih lahko samostojno ali s prilogo salsa criolla (tradicionalna perujska čebula in paradižnik) ali omako aji (pekoča perujska omaka).
n) Uživajte v slastnih okusih Papa Rellena/polnjenega krompirja, ko je še topel in hrustljav.

17. Tequeños/sirne palčke z omako za namakanje

SESTAVINE:
- 12 zavitkov jajčnih zvitkov (ali zavitkov wonton)
- 12 rezin queso fresco (sveži beli sir)
- 1 jajce, stepeno (za tesnjenje zavitkov)
- Olje za cvrtje

Za omako za namakanje:
- 2 žlici paste aji amarillo
- 1/4 skodelice majoneze
- 1 žlica limetinega soka
- Sol in poper po okusu

NAVODILA:
a) Položite zavitek jajčne rolade, na sredino položite rezino queso fresco in jo zvijte, robove pa zaprite s stepenim jajcem.
b) V ponvi segrejemo olje za cvrtje.
c) Tequeños pražite, dokler niso zlato rjavi in hrustljavi.
d) Za omako za namakanje zmešajte pasto aji amarillo, majonezo, limetin sok, sol in poper.
e) Tequeños postrezite z omako za namakanje.

18. Yuca Fries

SESTAVINE:
- 2 lbs juke (kasava), olupljene in narezane na krompirček
- Olje za cvrtje
- Sol po okusu

NAVODILA:
a) V cvrtniku ali velikem loncu segrejte olje na 350 °F (175 °C).
b) Pomfrit yuca pražite v serijah, dokler ne postane zlat in hrustljav, približno 4-5 minut.
c) Odstranite in odcedite na papirnatih brisačah.
d) Potresemo s soljo in postrežemo vroče.

19. perujski Ceviche

SESTAVINE:

- 1 lb bele ribe (kot je brancin ali morski list), narezane na majhne koščke
- 1 skodelica svežega limetinega soka
- 1 rdeča čebula, drobno narezana
- 2-3 aji limo paprike (ali druge pekoče čili paprike), drobno sesekljane
- 1-2 stroka česna, nasekljana
- 1 sladki krompir, kuhan in narezan
- 1 koruzni klas, kuhan in narezan na kolobarje
- Svež cilantro, sesekljan
- Sol in poper po okusu

NAVODILA:

a) V veliki skledi zmešajte ribe in limetin sok. Kislina v limetinem soku bo "skuhala" ribe. Pustite, da se marinira približno 10-15 minut.

b) Marinirani ribi dodajte narezano rdečo čebulo in aji limo papriko. Dobro premešaj.

c) Začinimo z mletim česnom, soljo in poprom.

d) Ceviche postrezite z rezinami kuhanega sladkega krompirja, koruznimi krogi in okrasom iz svežega cilantra.

20. Krompir Papa a la Huancaína/Huancayo

SESTAVINE:
- 4 veliki rumeni krompirji
- 1 skodelica aji amarillo omake (iz perujskih rumenih čili paprik)
- 1 skodelica queso fresco (perujski sveži sir), zdrobljen
- 4 slani krekerji
- 1/4 skodelice evaporiranega mleka
- 2 žlici rastlinskega olja
- 2 trdo kuhani jajci, narezani na rezine
- Črne olive za okras
- Listi zelene solate (neobvezno)

NAVODILA:
a) Krompir skuhamo do mehkega, olupimo in narežemo na kolobarje.
b) V mešalniku zmešajte omako aji amarillo, queso fresco, slane krekerje, evaporirano mleko in rastlinsko olje. Mešajte, dokler ne dobite kremaste omake.
c) Krompirjeve kroge razporedimo po krožniku (po želji na liste solate).
d) Krompir prelijemo z omako Huancaína.
e) Okrasite z rezinami trdo kuhanega jajca in črnimi olivami.
f) Postrežemo hladno.

21.Palta Rellena / Polnjen avokado

SESTAVINE:
- 2 zrela avokada, razpolovljena in izkoščičena
- 1 pločevinka tune, odcejene
- 1/4 skodelice majoneze
- 1/4 skodelice sesekljanega svežega cilantra
- 1/4 skodelice rdeče čebule, drobno sesekljane
- Sok limete
- Sol in poper po okusu
- Solatni listi za serviranje

NAVODILA:
a) Iz sredine vsake polovice avokada izdolbite nekaj avokadovega mesa, da naredite vdolbino.
b) V skledi zmešajte tunino, majonezo, koriander, rdečo čebulo in kanček limetinega soka. Začinimo s soljo in poprom.
c) Polovice avokada napolnite s tunino mešanico.
d) Postrezite na posteljici iz listov solate.
e) Uživajte v teh dodatnih perujskih predjedeh in prigrizkih!

TESTENINE

22. Carapulcra con Sopa Seca

SESTAVINE:
ZA KARAPULCRO:
- 2 lbs posušenega krompirja (papas secas)
- 1 lb svinjskih pleč, narezanih na kocke
- 1/4 skodelice aji panca paste (perujska pasta rdečega čilija)
- 1/4 skodelice mletih arašidov
- 1 rdeča čebula, drobno sesekljana
- 4 stroki česna, sesekljani
- 2 skodelici piščančje juhe
- 1/2 skodelice belega vina
- 2 lovorjeva lista
- Rastlinsko olje za cvrtje
- Sol in poper po okusu

ZA SOPA SECA:
- 2 skodelici testenin z angelskimi lasmi, zlomljenih na majhne koščke
- 1/4 skodelice rastlinskega olja
- 2 stroka česna, nasekljana
- 2 skodelici piščančje juhe
- Sol in poper po okusu

NAVODILA:

a) Za Carapulcra: V velikem loncu segrejte rastlinsko olje in zarumite narezano svinjino.

b) Dodajte drobno sesekljano čebulo, sesekljan česen in pasto aji panca. Kuhamo toliko časa, da se čebula zmehča.

c) Vmešajte mlete arašide, posušen krompir, piščančjo juho, belo vino, lovorjev list, sol in poper. Dušimo toliko časa, da se posušen krompir zmehča in enolončnica zgosti.

d) Za Sopa Seca: V ločeni ponvi segrejte rastlinsko olje in na njem prepražite testenine z zlomljenimi lasmi, dokler ne postanejo zlato rjave barve.

e) Dodamo sesekljan česen, piščančjo juho, sol in poper. Kuhajte, dokler se testenine ne zmehčajo in se juha vpije.

f) Postrezite Carapulcra in Sopa Seca skupaj za okusno perujsko kombinacijo.

23.Tofu Lomo Saltado solata

SESTAVINE:

ZA SOLATO:
- 2 skodelici mešane zelene solate (npr. zelena solata, špinača, rukola)
- 1 rdeča čebula, narezana na tanke rezine
- 1 paradižnik, narezan na kolesca
- 1 skodelica kuhane kvinoje
- 1 skodelica pečenih trakov rdeče paprike
- 1/2 skodelice kuhanega stročjega fižola

ZA LOMO SALTADO TOFU:
- 14 oz ekstra čvrstega tofuja, narezanega na kocke
- 2 žlici sojine omake
- 1 žlica kisa
- 1 žlica paste aji amarillo (pasta perujskega rumenega čilija)
- 1 strok česna, sesekljan
- Sol in poper po okusu
- Rastlinsko olje za cvrtje

NAVODILA:
a) Kocke tofuja premešajte s sojino omako, kisom, pasto aji amarillo, mletim česnom, soljo in poprom. Marinirajte približno 15 minut.
b) V ponvi segrejte rastlinsko olje in prepražite mariniran tofu, da hrustljavo zapeče.
c) Solato sestavite tako, da razporedite mešano zeleno, rdečo čebulo, paradižnik, kvinojo, praženo rdečo papriko in stročji fižol.
d) Solato prelijte s hrustljavim tofujem Lomo Saltado.
e) Postrezite z lahkim vinaigrette ali prelivom po vaši izbiri.

24.Zeleni špageti

SESTAVINE:
- 1 funt testenin fettuccine ali špageti
- 2 skodelici svežih listov bazilike
- 1 skodelica svežih listov špinače
- 1/2 skodelice naribanega parmezana
- 1/4 skodelice orehov ali pinjol
- 2 stroka česna
- 1/2 skodelice evaporiranega mleka
- 1/4 skodelice rastlinskega olja
- 1 žlica olivno olje
- Sol in poper po okusu
- Nariban parmezan za okras

NAVODILA:
a)   Testenine skuhamo po navodilih na embalaži do al dente. Odcedimo in odstavimo.
b)   V mešalniku ali predelovalniku hrane zmešajte liste bazilike, liste špinače, nariban parmezan, orehe ali pinjole, česen, evaporirano mleko, rastlinsko olje in olivno olje. Mešajte, dokler ne dobite gladke in živahne zelene omake.
c)   Na srednjem ognju segrejte veliko ponev.
d)   Dodajte zeleno omako v ponev in kuhajte približno 5 minut, občasno premešajte, dokler se omaka ne segreje.
e)   Dodajte kuhane testenine v ponev z zeleno omako. Testenine stresemo v omako, dokler niso dobro obložene in segrete.
f)   Začinimo s soljo in poprom po okusu. Začimbe prilagodite svojim željam.
g)   Prenesite špagete Tallarines Verdes/Green v servirni krožnik ali na posamezne krožnike. Okrasite z naribanim parmezanom.
h)   Postrezite takoj, ko so še topli.

25. Zelena omaka z Linguine

SESTAVINE:
ZA TALARINE:
- 8 oz testenin fettuccine ali linguine
- 2 skodelici svežih listov špinače
- 1/2 skodelice svežih listov bazilike
- 1/4 skodelice queso fresco (perujski sveži sir)
- 2 stroka česna, nasekljana
- 1/4 skodelice evaporiranega mleka
- 2 žlici rastlinskega olja
- Sol in poper po okusu

ZA SOLATO:
- Mešano zelenjavo (npr. zelena solata, rukola, špinača)
- češnjev paradižnik
- Narezan avokado

NAVODILA:
a) Testenine skuhajte po navodilih na embalaži, dokler niso al dente. Odcedimo in odstavimo.
b) V mešalniku zmešajte svežo špinačo, baziliko, queso fresco, sesekljan česen, evaporirano mleko, rastlinsko olje, sol in poper. Mešajte, dokler ne dobite kremne zelene omake.
c) Kuhane testenine prelijemo z zeleno omako, dokler niso dobro prekrite.
d) Zelene testenine postrezite na posteljici iz mešane zelenjave, okrašene s češnjevimi paradižniki in narezanim avokadom.

26. Tallarines Rojos (rdeča omaka za rezance)

SESTAVINE:
ZA TALARINE:
- 8 oz testenin fettuccine ali linguine
- 1/4 skodelice rastlinskega olja
- 2 stroka česna, nasekljana
- 1/4 skodelice aji panca paste (perujska pasta rdečega čilija)
- 1 skodelica evaporiranega mleka
- 1/4 skodelice queso fresco (perujski sveži sir)
- Sol in poper po okusu

ZA SOLATO:
- Mešano zelenjavo (npr. zelena solata, rukola, špinača)
- Narezan avokado
- češnjev paradižnik

NAVODILA:
a) Testenine skuhajte po navodilih na embalaži, dokler niso al dente. Odcedimo in odstavimo.
b) V ponvi segrejte rastlinsko olje in dodajte sesekljan česen. Kuhajte minuto, dokler ne zadiši.
c) Vmešajte pasto aji panca, evaporirano mleko, queso fresco, sol in poper. Kuhamo toliko časa, da se omaka zgosti.
d) Kuhane testenine prelijemo z rdečo omako, dokler niso dobro prekrite.
e) Rdeče testenine postrezite na posteljici iz mešane zelenjave, okrašene z narezanim avokadom in češnjevim paradižnikom.

27. Tallarines Verdes con Pollo (zeleni rezanci s piščancem)

SESTAVINE:
ZA ZELENO OMAKO:
- 2 skodelici svežih listov špinače
- 1/2 skodelice svežih listov bazilike
- 1/4 skodelice queso fresco (perujski sveži sir)
- 2 stroka česna, nasekljana
- 1/4 skodelice evaporiranega mleka
- 2 žlici rastlinskega olja
- Sol in poper po okusu

ZA PIŠČANCA:
- 4 piščančje prsi brez kosti in kože
- 2 žlici rastlinskega olja
- Sol in poper po okusu

ZA REZANCE:
- 8 oz testenin fettuccine ali linguine
- Nariban parmezan za okras

NAVODILA:
a) V mešalniku zmešajte svežo špinačo, baziliko, queso fresco, sesekljan česen, evaporirano mleko, rastlinsko olje, sol in poper. Mešajte, dokler ne dobite gladke zelene omake.
b) Piščančje prsi začinite s soljo in poprom, nato jih pecite na žaru ali v ponvi, dokler niso kuhane.
c) Testenine skuhajte po navodilih na embalaži, dokler niso al dente. Odcedimo in odstavimo.
d) Kuhane testenine prelijemo z zeleno omako, dokler niso dobro prekrite.
e) Zelene rezance postrezite s piščančjimi prsmi na žaru, okrašenimi z naribanim parmezanom.

ZELENJAVNE GLAVNE ELEMENTI IN SOLATE

28. Krompirjeva enolončnica Causa Limeña/Lima

SESTAVINE:
- 4 veliki rumeni krompirji, kuhani in olupljeni
- 2 žlici. rastlinsko olje
- 2 žlici. sok limete
- 1 čajna žlička pasta rumenega popra ají (ali nadomestite s pasto aji amarillo)
- Sol, po okusu
- 1 pločevinka (5 oz) tune v pločevinkah, odcejena
- 1 avokado, narezan
- 4-6 listov zelene solate
- 2 trdo kuhani jajci, narezani na rezine
- 8 črnih oliv
- Svež peteršilj ali koriander, sesekljan, za okras

NAVODILA:
a) V veliki skledi pretlačimo kuhan in olupljen rumeni krompir do gladkega in brez grudic.
b) Dodajte rastlinsko olje, limetin sok, pasto iz rumene paprike ají in sol.
c) Dobro premešamo, da se vse sestavine povežejo in začinimo po okusu.
d) Pravokotno ali kvadratno posodo obložite s plastično folijo, pri čemer pustite dovolj previsa, da kasneje pokrijete vrh.
e) Polovico krompirjeve zmesi enakomerno razporedimo po obloženem pekaču in jo potlačimo, da nastane kompaktna plast.
f) Krompirjevo plast obložite s tunino iz pločevinke, ki jo enakomerno porazdelite po krompirju.
g) Na plast tune položite narezan avokado, tako da ga popolnoma prekrijete.
h) Na vrh dodajte preostalo krompirjevo mešanico in jo zgladite, da ustvarite končno plast.
i) Po vrhu prepognite plastično folijo, da pokrijete kavzo, in postavite v hladilnik za vsaj 1 uro, da se strdi in strdi.
j) Ko je ohlajen in čvrst, odstranite causa iz posode tako, da ga dvignete ven s pomočjo previsne plastične folije. Previdno odstranite plastično folijo in kavzo položite na servirni krožnik.
k) Liste zelene solate razporedite po kavzu. Okrasite z narezanimi trdo kuhanimi jajci, črnimi olivami in sveže sesekljanim peteršiljem ali cilantrom.
l) Krompirjevo enolončnico Causa Limeña/Lima narežite na posamezne porcije in postrezite ohlajeno.

29.Rocoto Relleno/polnjene paprike rokoto

SESTAVINE:
- 6 rocoto paprik (nadomestite z rdečo papriko za blažjo vročino)
- 1 funt mlete govedine ali svinjine
- 1/2 skodelice narezane čebule
- 3 stroki česna, sesekljani
- 1/2 skodelice narezanega paradižnika
- 1/4 skodelice rozin
- 1/4 skodelice črnih oliv, narezanih
- 1/4 skodelice sesekljanega svežega peteršilja
- 1 čajna žlička mleta kumina
- 1 čajna žlička posušen origano
- Sol, po okusu
- Poper, po okusu
- 1 skodelica naribanega sira (kot je mozzarella ali cheddar)
- Rastlinsko olje, za cvrtje
- Za omako Huancaina (neobvezno):
- 1 skodelica evaporiranega mleka
- 1 skodelica zdrobljenega sira queso fresco ali feta
- 2 rumeni papriki ají (ali nadomestite s pasto aji amarillo)
- 4 slani krekerji
- Sol, po okusu

NAVODILA:
a) Pečico segrejte na 350°F (175°C).
b) Rokoto papriki odrežemo vrhove in ji odstranimo semena in ovojnice.
c) Bodite previdni, saj je paprika rokoto lahko pekoča. Po želji papriko za 15 minut namočimo v slano vodo, da zmanjšamo ogenj.
d) V ponvi na srednjem ognju kuhajte mleto govedino ali svinjino, dokler ne porjavi.
e) Dodamo na kocke narezano čebulo in sesekljan česen ter pražimo, dokler čebula ne postekleni.
f) Primešamo na kocke narezan paradižnik, rozine, črne olive, sesekljan peteršilj, mleto kumino, posušen origano, sol in poper.
g) Kuhajte še nekaj minut, da se okusi prepojijo. Odstranite z ognja in odstavite.
h) Vsako papriko rocoto napolnite z mesno mešanico in jo rahlo pritisnite navzdol, da napolnite celotno papriko.
i) Vsako napolnjeno papriko potresemo z naribanim sirom.
j) V globoki ponvi ali ponvi segrejte rastlinsko olje na srednje močnem ognju.
k) Polnjene rokoto paprike previdno položimo na vroče olje in jih pražimo, dokler se paprike rahlo ne zmehčajo in sir stopi in zapeče, približno 5-7 minut. Odstranite iz olja in odcedite na krožnik, obložen s papirnato brisačo.
l) Ocvrte rokoto preložimo v pekač in pečemo v ogreti pečici približno 15 minut oziroma toliko časa, da so paprike popolnoma pečene in mehke.
m) Medtem ko se rocoto paprike pečejo pripravite omako Huancaina (po želji). V mešalniku zmešajte evaporirano mleko, zdrobljen sir queso fresco ali feta, rumeno papriko ají (ali pasto aji amarillo), slane krekerje in sol.
n) Mešajte, dokler ni gladka in kremasta.
o) Rocoto Relleno/polnjene rocoto paprike postrezite vroče, po želji jih pokapajte z omako Huancaina.

30. Carapulcra/posušena krompirjeva enolončnica

SESTAVINE:
- 1 lb (450 g) svinjine, narezane na majhne koščke
- 2 skodelici posušenega krompirja, namočenega v vodi, dokler se ne zmehča
- 1 čebula, drobno sesekljana
- 3 stroki česna, sesekljani
- 2 žlici. rastlinsko olje
- 2 žlici. aji panca pasta (pasta perujske rdeče paprike)
- 2 žlički. mleta kumina
- 1 čajna žlička posušen origano
- 1 čajna žlička paprika
- 4 skodelice piščančje ali zelenjavne juhe
- 1/2 skodelice arašidov, praženih in mletih
- Sol in poper po okusu
- Svež cilantro, sesekljan (za okras)

NAVODILA:
a) V velikem loncu na srednjem ognju segrejte rastlinsko olje.
b) Dodajte svinjino in kuhajte, dokler ne porjavi z vseh strani. Odstranite svinjino iz lonca in jo postavite na stran.
c) V isti lonec dodamo sesekljano čebulo in sesekljan česen. Pražite, dokler čebula ne postekleni in zadiši.
d) V lonec dodajte pasto aji panca, mleto kumino, posušen origano in papriko. Dobro premešamo, da se čebula in česen prekrita z začimbami.
e) Popečeno svinjino vrnemo v lonec in jo zmešamo s čebulo in mešanico začimb.
f) Namočen posušen krompir odcedimo in dodamo v lonec. Nežno premešajte, da se poveže z ostalimi sestavinami.
g) Prilijte piščančjo ali zelenjavno juho, pazite, da sta krompir in svinjina pokrita. Mešanico zavrite, nato zmanjšajte ogenj na nizko in kuhajte približno 1 uro ali dokler se krompir ne zmehča in se okusi ne stopijo skupaj.
h) Vmešamo mlete arašide in po okusu začinimo s soljo in poprom. Nadaljujte z vretjem še 10-15 minut.
i) Odstranite z ognja in pustite enolončnico Carapulcra/posušenega krompirja počivati nekaj minut, preden jo postrežete.
j) Postrezite vroče, okrašeno s sveže sesekljanim cilantrom.

31. Solterito/perujska solata

SESTAVINE:
- 2 skodelici kuhanih in ohlajenih ogromnih koruznih zrn (choclo)
- 1 skodelica kuhanega in ohlajenega lima fižola
- 1 skodelica kuhanega in ohlajenega fava fižola
- 1 skodelica kuhanega in ohlajenega zelenega graha
- 1 skodelica na kocke narezanega zrelega paradižnika
- 1 skodelica narezane rdeče čebule
- 1 skodelica na kocke narezanega rokoto popra
- 1 skodelica na kocke narezanega queso fresca (ali nadomestite s feta sirom)
- 1/4 skodelice sesekljanega svežega cilantra
- 1/4 skodelice sesekljanega svežega peteršilja
- Sol in poper po okusu

OBLAČENJE
- 1/4 skodelice rdečega vinskega kisa
- 1/4 skodelice ekstra deviškega oljčnega olja
- 1 strok česna, mlet
- Sok 1 limete
- Sol in poper po okusu

NAVODILA:
a) V veliki posodi za mešanje zmešajte kuhana ogromna koruzna zrna, lima fižol, fižol fava, zeleni grah, na kocke narezan paradižnik, rdečo čebulo, rocoto poper, queso fresco, sesekljan koriander in sesekljan peteršilj.
b) Dobro premešaj.
c) V ločeni majhni skledi zmešajte rdeči vinski kis, ekstra deviško oljčno olje, sesekljan česen, limetin sok, sol in poper, da naredite preliv.
d) Preliv prelijemo čez sestavine solate in nežno premešamo, dokler ni vse dobro prekrito.
e) Okusite in po potrebi začinite s soljo in poprom.
f) Pustite, da se solata Solterito/Peruvian Salade marinira v hladilniku vsaj 30 minut, da se okusi premešajo.
g) Preden postrežemo, solato še zadnjič premešamo in po želji okrasimo z dodatno sesekljanim koriandrom ali peteršiljem.
h) Solterito/perujsko solato postrežemo ohlajeno kot osvežilno prilogo ali lahko glavno jed.

32. Začinjena krompirjeva terina (Causa Rellena)

SESTAVINE:
ZA KROMPIR
- 2 lbs. Yukon zlati krompir
- ½ skodelice oljčnega olja
- 1/3 skodelice limetinega soka (približno 3)
- 1 čajna žlička aji amarillo v prahu

ZA POLNILA NA IZBIRO:
- Tunina solata
- Piščančja solata
- Solata s kozicami
- Paradižnik in avokado
- Za prelive
- Narezano trdo kuhano jajce
- Narezan avokado
- Razpolovljene češnjeve paradižnike
- Črne olive
- Zelišča
- paprika

NAVODILA:
a) Krompir skuhamo toliko časa, da ga zlahka prebodemo z nožem. Ko je dovolj ohlajen za rokovanje, olupite lupino in gladko pretlačite ali dajte skozi lonec za krompir.
b) Čili v prahu vmešajte v limetin sok, da ni grudic in dodajte h krompirju skupaj z oljčnim oljem. Po okusu dodajte sol, verjetno boste potrebovali vsaj eno žličko.
c) Dva 9-palčna pekača obložite s plastično folijo in pustite, da dodatek visi čez rob pekača.
d) Krompirjevo mešanico razdelite med oba pripravljena pekača in pritisnite, da se poravna in zgladi. Robove plastične folije povlecite čez krompirjevo torto in ohladite, dokler se ne ohladi.

ZA SESTAVLJANJE
e) Odstranite eno krompirjevo torto iz pekača s plastično zanko, obrnite in položite na servirni krožnik. Namažemo z nadevom po izbiri. Vrh z drugo krompirjevo torto.
f) Zdaj prihaja zabavni del. Okrasite svojo causa rellena s katerim koli od predlaganih prelivov s seznama ali uporabite svojo domišljijo in uporabite karkoli imate pri roki. Postrežemo ohlajeno.

33.Ensalada de Pallares (perujska fižolova solata Lima)

SESTAVINE:
- 2 skodelici kuhanega lima fižola (pallares), odcejenega
- 1 rdeča čebula, drobno narezana
- 1 skodelica svežih koruznih zrn (kuhanih)
- 1 skodelica češnjevih paradižnikov, prepolovljena
- 1/4 skodelice svežega cilantra, sesekljanega
- 1/4 skodelice queso fresco (perujski sveži sir), zdrobljen
- Sok limete
- Olivno olje
- Sol in poper po okusu

NAVODILA:
a) V veliki skledi za solato zmešajte kuhan fižol lima, narezano rdečo čebulo, sveža koruzna zrna in češnjev paradižnik.
b) Pokapljamo z limetinim sokom in olivnim oljem. Začinimo s soljo in poprom.
c) Solato premešamo, da se vse sestavine povežejo.
d) Okrasite z zdrobljenim queso fresco in svežim cilantrom.
e) Postrezite kot osvežilno solato.

34.Solata Aji de Gallina

SESTAVINE:
ZA SOLATO:
- 2 skodelici kuhanega in narezanega piščanca
- 4 kuhani krompirji, narezani
- 2 kuhani jajci, narezani na rezine
- 1/2 skodelice črnih oliv
- 1/4 skodelice praženih arašidov
- Solatni listi za serviranje

ZA PRELIV AJI DE GALLINA:
- 1 skodelica aji amarillo omake
- 1/2 skodelice evaporiranega mleka
- 1/4 skodelice naribanega parmezana
- 2 rezini belega kruha, odstraniti skorjo in namočiti v mleku
- 2 stroka česna, nasekljana
- 2 žlici rastlinskega olja
- Sol in poper po okusu

NAVODILA:
a) V mešalniku zmešajte omako aji amarillo, evaporirano mleko, parmezan, namočen kruh, sesekljan česen, sol in poper. Mešajte do gladkega.
b) V ponvi segrejte rastlinsko olje in dodajte omako aji de gallina. Kuhajte nekaj minut, dokler se ne zgosti.
c) Solatne liste razporedimo po servirnih krožnikih.
d) Po vrhu z naribanim piščancem, narezanim krompirjem in rezinami kuhanega jajca.
e) Solato pokapljajte z omako aji de gallina.
f) Okrasite s črnimi olivami in praženimi arašidi.
g) Postrežemo toplo.

35.Ensalada de Quinua (solata iz kvinoje)

SESTAVINE:
- 2 skodelici kuhane kvinoje
- 1 skodelica narezane kumare
- 1 skodelica na kocke narezane rdeče paprike
- 1 skodelica koruznih zrn (kuhana)
- 1/2 skodelice sesekljanega svežega cilantra
- 1/4 skodelice rdeče čebule, drobno sesekljane
- 1/4 skodelice feta sira, zdrobljenega
- Sok 2 limet
- Olivno olje
- Sol in poper po okusu

NAVODILA:
a) V veliki skledi za solato zmešajte kuhano kvinojo, narezano kumaro, rdečo papriko, koruzna zrna, svež koriander in rdečo čebulo.
b) Pokapljamo z limetinim sokom in olivnim oljem. Začinimo s soljo in poprom.
c) Solato premešamo, da se vse sestavine povežejo.
d) Okrasite z nadrobljenim feta sirom.
e) Postrezite kot osvežilno kvinojino solato.

36.Lima fižol v koriandrovi omaki

SESTAVINE:
- 2 skodelici kuhanega lima fižola (pallares), odcejenega
- 1 skodelica svežih listov cilantra
- 2 stroka česna
- 1/2 skodelice queso fresco (perujski sveži sir), zdrobljen
- 2 žlici rastlinskega olja
- Sol in poper po okusu

NAVODILA:
a) V mešalniku zmešajte svež koriander, česen, queso fresco, rastlinsko olje, sol in poper. Mešajte, dokler ne dobite gladke cilantrove omake.
b) Kuhan lima fižol prelijemo s koriandrovo omako.
c) Postrezite kot prilogo ali lahko glavno jed.

37.Solterito de Quinua (Kvinojina solterito solata)

SESTAVINE:
- 2 skodelici kuhane kvinoje
- 1 skodelica kuhanega in oluščenega fava fižola (ali fižola lima)
- 1 skodelica na kocke narezan queso fresco (perujski sveži sir)
- 1 skodelica na kocke narezanega zrelega paradižnika
- 1/2 skodelice narezane rdeče čebule
- 1/4 skodelice sesekljanega svežega cilantra
- 1/4 skodelice črnih oliv
- 1/4 skodelice aji amarillo omake (perujska rumena čili omaka)
- Olivno olje
- Sol in poper po okusu

NAVODILA:
a) V veliki skledi za solato zmešajte kuhano kvinojo, fava fižol, queso fresco, na kocke narezan paradižnik, na kocke narezano rdečo čebulo in sesekljan svež koriander.
b) Pokapljamo z oljčnim oljem in omako aji amarillo. Začinimo s soljo in poprom.
c) Solato premešamo, da se vse sestavine povežejo.
d) Okrasite s črnimi olivami.
e) Postrezite kot osvežilno kvinojino solato.

GOVEDINA, JAGNJETINA IN SVINJINA

38. Pachamanca / Andsko meso in zelenjava

SESTAVINE:
- 1 funt govejega mesa, narezanega na kose
- 1 funt svinjine, narezan na koščke
- 1 funt piščanca, narezanega na kose
- 1 funt krompirja, olupljenega in prepolovljenega
- 1 funt sladkega krompirja, olupljenega in narezanega
- 2 klasja, oluščena in razpolovljena
- 1 skodelica fava fižola ali fižola lima
- 1 skodelica svežega ali zamrznjenega zelenega graha
- 1 skodelica svežega ali zamrznjenega fižola
- 1 rdeča čebula, narezana na tanke rezine
- 4 stroki česna, sesekljani
- 1 žlica posušen origano
- 1 žlica mleta kumina
- 1 žlica aji panca pasta (ali nadomestek z rdečo čili pasto)
- 1/4 skodelice rastlinskega olja
- Sol, po okusu
- Svež cilantro, sesekljan, za okras

NAVODILA:
a) Pečico segrejte na 350°F (180°C).
b) V veliki skledi zmešajte govedino, svinjino, piščanca, rdečo čebulo, česen, posušen origano, mleto kumino, aji panca pasto, rastlinsko olje in sol.
c) Dobro premešajte, da zagotovite, da je vse meso prekrito z marinado.
d) Pustite, da se marinira vsaj 30 minut, najbolje pa čez noč v hladilniku.
e) V velik pekač ali pekač razporedite marinirano meso, krompir, sladki krompir, koruzo, fižol, stročji grah in bob.
f) Pekač tesno pokrijemo z alufolijo in poskrbimo, da je dobro zaprt, da zadrži paro.
g) Pekač postavimo v ogreto pečico in pečemo približno 2 do 3 ure oziroma toliko časa, da se meso zmehča, krompir in sladki krompir pa skuhata.
h) Previdno odstranite folijo in preverite pečenost sestavin.
i) Po potrebi še nekaj minut odkrito pečemo, dokler ni vse popolnoma pečeno in lepo zapečeno.
j) Ko je pečena, vzemite pachamanco iz pečice in pustite počivati nekaj minut.
k) Pachamanco postrezite na velikem krožniku, okrašeno s svežim sesekljanim koriandrom.

39. Carne a la Tacneña / govedina na način Tacna

SESTAVINE:
- 1,5 funta govejega mesa, narezanega na grižljaj velike kose
- 1 čebula, drobno sesekljana
- 2 stroka česna, nasekljana
- 1 rdeča paprika, narezana na tanke rezine
- 1 rumena paprika, narezana na tanke rezine
- 1 paradižnik, narezan na kocke
- 2 žlici. rastlinskega olja
- 1 žlica paste ají panca (perujska pasta iz rdečega čilija) ali nadomestite s paradižnikovo pasto
- 1 čajna žlička mlete kumine
- 1 čajna žlička posušenega origana
- 1 skodelica goveje juhe
- 1 skodelica suhega belega vina
- Sol in poper po okusu
- Svež cilantro za okras
- Kuhan beli riž za serviranje

NAVODILA:
a) V velikem loncu ali nizozemski pečici segrejte rastlinsko olje na srednjem ognju.
b) V lonec dodamo sesekljano čebulo in sesekljan česen ter pražimo toliko časa, da čebula postekleni in česen zadiši.
c) V lonec dodamo goveje meso in ga kuhamo, dokler ne porjavi z vseh strani.
d) Primešajte ají panca pasto (ali paradižnikovo pasto), mleto kumino in posušen origano.
e) Kuhamo minuto, da se začimbe prepražijo.
f) V lonec dodamo narezano rdečo in rumeno papriko ter na kocke narezan paradižnik. Dobro premešajte, da se poveže.
g) Prilijemo govejo juho in belo vino.
h) Začinimo s soljo in poprom po okusu.
i) Mešanico zavrite, nato zmanjšajte ogenj na nizko in pustite vreti približno 1,5 do 2 uri oziroma dokler se govedina ne zmehča in se okusi stopijo skupaj. Občasno premešajte in po potrebi dodajte več juhe ali vode, da ohranite želeno konsistenco.
j) Ko je govedina mehka, odstavite lonec z ognja.
k) Carne a la Tacneña/Govedina na način Tacna postrezite vročo na kuhanem belem rižu.
l) Vsako porcijo okrasite s svežim cilantrom.

40.Seco de Cordero/jagnječja obara

SESTAVINE:
- 2 funta jagnječjega obarvanega mesa, narezanega na kose
- 2 žlici. rastlinsko olje
- 1 čebula, drobno sesekljana
- 3 stroki česna, sesekljani
- 2 žlici. ají pasta amarillo
- 1 čajna žlička mleta kumina
- 1 čajna žlička posušen origano
- 1 skodelica temnega piva (kot je stout ali ale)
- 2 skodelici goveje ali zelenjavne juhe
- 2 skodelici narezanih paradižnikov (svežih ali konzerviranih)
- 1/2 skodelice sesekljanega cilantra
- 2 skodelici zamrznjenega ali svežega zelenega graha
- 4 srednje velike krompirje, olupljene in narezane na četrtine
- Sol, po okusu
- Poper, po okusu

NAVODILA:
a) Segrejte rastlinsko olje v velikem loncu ali nizozemski pečici na srednjem ognju.
b) Dodamo jagnječjo enolončnico in jo pražimo z vseh strani, da porjavi. Meso vzamemo iz lonca in ga odstavimo.
c) V isti lonec dodamo sesekljano čebulo in sesekljan česen. Pražite, dokler čebula ne postekleni.
d) Vmešajte pasto ají amarillo, mleto kumino in posušen origano.
e) Kuhamo še minuto, da se okusi prepojijo.
f) Jagnječjo obaro vrnemo v lonec in zalijemo s temnim pivom. Mešanico zavremo in kuhamo nekaj minut, da alkohol izhlapi.
g) V lonec dodamo govejo ali zelenjavno juho in na kocke narezan paradižnik. Mešanico zavrite, nato zmanjšajte ogenj na nizko, lonec pokrijte in kuhajte približno 1 uro ali dokler se jagnjetina ne zmehča.
h) Vmešajte sesekljan koriander, zeleni grah in na četrtine narezan krompir. Kuhajte še 15-20 minut oziroma dokler se krompir ne skuha in se okusi prepojijo.
i) Začinimo s soljo in poprom po okusu. Začimbe in gostoto omake prilagodite svojim željam, tako da po želji dodate več juhe.
j) Seco de Cordero/jagnječjo enolončnico postrezite vročo, skupaj z dušenim rižem in stranjo rezin avokada.

41. Lomo Saltado / pečena govedina

SESTAVINE:
- 1 funt govejega fileja, narezanega na tanke trakove
- 2 žlici. rastlinsko olje
- 1 rdeča čebula, narezana
- 2 paradižnika, narezana na kolesca
- 1 rumena paprika, narezana na rezine
- 1 zelena paprika, narezana na rezine
- 3 stroki česna, sesekljani
- 2 žlici. sojina omaka
- 2 žlici. rdeči vinski kis
- 1 čajna žlička kumina v prahu
- Sol, po okusu
- Sveže mleti črni poper, po okusu
- 1/4 skodelice sesekljanega svežega cilantra
- Pomfrit, kuhan, za serviranje
- Dušen beli riž, za serviranje

NAVODILA:
a) V veliki ponvi ali voku na močnem ognju segrejte rastlinsko olje.
b) Na vroče olje dodajte goveje trakove in jih pecite, dokler ne porjavijo z vseh strani.
c) Odstranite goveje meso iz ponve in ga postavite na stran.
d) V isto ponev dodamo narezano rdečo čebulo in pražimo, dokler se rahlo ne zmehča.
e) V ponev dodajte paradižnik, papriko in sesekljan česen. Med mešanjem pražimo nekaj minut, da postane zelenjava hrustljava in mehka.
f) Kuhano govedino vrnemo v ponev in dobro premešamo z zelenjavo.
g) V majhni skledi zmešajte sojino omako, rdeči vinski kis, kumino v prahu, sol in črni poper. To omako prelijemo čez govedino in zelenjavo v ponvi. Premešamo, da se vse enakomerno prekrije.
h) Kuhajte še 2-3 minute, da se okusi prepojijo.
i) Odstranite ponev z ognja in na Lomo Saltado potresite svež cilantro.
j) Lomo Saltado postrezite vroč, skupaj s kuhanim pomfrijem in na pari kuhanim belim rižem.

42.Tacacho con Cecina/ocvrta banana in suho meso

SESTAVINE:
- 4 zelene plantane
- 14 oz. cecina (slan in dimljen svinjski hrbet)
- Rastlinsko olje za cvrtje
- Sol po okusu

NAVODILA:
a) Začnite tako, da zelene trpotce kuhate v velikem loncu vode, dokler niso mehki in nežni. To običajno traja približno 20-30 minut.
b) Medtem ko se trpotci kuhajo, cecino narežemo na tanke trakove ali majhne koščke.
c) Na srednjem ognju segrejte ponev in dodajte majhno količino rastlinskega olja.
d) Cecino prepražimo v ponvi, da postane hrustljava in popečena z obeh strani. To običajno traja približno 5-7 minut. Dati na stran.
e) Ko so trpotci kuhani, jih poberemo iz vode in olupimo lupino. Biti morajo mehki in enostavni za rokovanje.
f) Olupljene trpotce dajte v veliko skledo in jih pretlačite z mečkalcem za krompir ali vilicami, dokler niso gladki in brez grudic.
g) Pretlačene trpotce po okusu posolimo in dobro premešamo.
h) Pretlačene trpotce razdelite na enake dele in jih oblikujte v okrogle kroglice ali polpete.
i) Na zmernem ognju segrejte ponev ali rešetko in dodajte toliko rastlinskega olja, da prekrije dno.
j) Trpotčeve kroglice ali polpete položimo na vročo ponev in jih rahlo sploščimo z lopatko. Cvremo jih toliko časa, da postanejo zlato rjave in hrustljave na obeh straneh. To običajno traja približno 5 minut na stran.
k) Ocvrte tacachose poberemo iz ponve in jih odcedimo na papirnatih brisačah, da odstranimo odvečno olje.
l) Postrezite tacachos s hrustljavo cecino na vrhu. Lahko ga postrežete tudi s prilogo salsa criolla (tradicionalna perujska salsa s čebulo in limeto) ali aji (pekoča perujska omaka).

43. Adobo/Marinirana svinjska enolončnica

SESTAVINE:
- 2 lbs svinjskih pleč ali koščkov piščanca
- 4 stroki česna, sesekljani
- 2 žlici. rastlinsko olje
- 1/4 skodelice belega kisa
- 2 žlici. sojina omaka
- 2 žlici. aji panca pasta (pasta perujske rdeče paprike)
- 1 čajna žlička mleta kumina
- 1 čajna žlička posušen origano
- 1/2 žličke mleti črni poper
- 1/2 žličke sol, ali po okusu

NAVODILA:
a) V skledi zmešajte sesekljan česen, rastlinsko olje, beli kis, sojino omako, pasto aji panca, kumino, posušen origano, črni poper in sol.
b) Dobro premešajte, da nastane marinada.
c) Svinjsko pleče ali koščke piščanca položite v plitvo posodo ali vrečko Ziploc. Meso prelijemo z marinado in pazimo, da je dobro prevlečeno.
d) Posodo pokrijemo ali vrečko zapremo in pustimo v hladilniku vsaj 2 uri, še bolje pa čez noč, da okusi prodrejo v meso.
e) Predgrejte žar ali pečico na srednje visoko temperaturo.
f) Če uporabljate žar, meso odstranite iz marinade in pecite na srednje močnem ognju, dokler ni pečeno in na zunanji strani lepo zoglenelo.
g) Če uporabljate pečico, položite marinirano meso na pekač in pecite pri 400 °F (200 °C) približno 25-30 minut ali dokler meso ni pečeno in porjavelo.
h) Ko je meso pečeno, ga odstavite z ognja in pustite počivati nekaj minut, preden ga narežete ali postrežete.

44. Causa de Pollo (perujska enolončnica s piščancem in krompirjem)

SESTAVINE:
ZA VZROK:
- 4 veliki rumeni krompirji
- 1/4 skodelice limetinega soka
- 2 žlici rastlinskega olja
- 1 čajna žlička aji amarillo paste (perujska rumena čili pasta)
- 1 skodelica kuhanega piščanca, narezanega
- 1 avokado, narezan
- 2 trdo kuhani jajci, narezani na rezine
- Sol in poper po okusu

ZA AJI AMARILLO OMAKO:
- 2 papriki aji amarillo, brez semen in razrezov
- 2 žlici rastlinskega olja
- 1/4 skodelice queso fresco (perujski sveži sir)
- 1/4 skodelice evaporiranega mleka
- Sol in poper po okusu

NAVODILA:
Za vzrok:
a) Krompir kuhajte toliko časa, da postane mehak in ga lahko zlahka pretlačite.
b) Krompir olupimo in pretlačimo še toplega.
c) Dodajte limetin sok, rastlinsko olje, pasto aji amarillo, sol in poper. Dobro premešamo, da nastane gladko krompirjevo testo.
d) Krompirjevo testo razdelite na majhne porcije.
e) Del testa sploščite in dodajte plast naribanega piščanca.
f) Na vrh položite drugo plast krompirjevega testa.
g) Okrasite z rezinami avokada in rezinami trdo kuhanega jajca.
h) Postrežemo ohlajeno.

Za omako Aji Amarillo:
i) V mešalniku zmešajte papriko aji amarillo, rastlinsko olje, queso fresco, evaporirano mleko, sol in poper. Mešajte, dokler ne dobite kremaste omake.
j) Postrezite Causa de Pollo s kapljico omake Aji Amarillo.

45. Cordero a la Nortena (jagnjetina na severnjaški način)

SESTAVINE:
- 2 lbs jagnječjega pleča ali stegna, narezanega na kose
- 1/4 skodelice rastlinskega olja
- 1 rdeča čebula, drobno sesekljana
- 2 stroka česna, nasekljana
- 2 žlici paste aji amarillo (pasta perujskega rumenega čilija)
- 1 skodelica chicha de jora (perujsko fermentirano koruzno pivo)
- 2 skodelici zamrznjenega ali svežega graha
- 2 skodelici belega riža
- 2 skodelici vode
- Sol in poper po okusu

NAVODILA:
a) V velikem loncu segrejte rastlinsko olje in zarumite koščke jagnjetine.
b) Dodajte drobno sesekljano čebulo, sesekljan česen in pasto aji amarillo. Kuhamo toliko časa, da se čebula zmehča.
c) Prilijemo chicha de jora in dušimo, dokler se jagnjetina ne zmehča in se omaka zgosti.
d) V ločenem loncu skuhamo beli riž z vodo, soljo in poprom.
e) Jagnjetino postrezite na kuhanem rižu, okrašenem z grahom.

46. Anticuchos / Goveje srce na žaru Nabodala

SESTAVINE:
- 1,5 funta zrezek z govejim srcem ali pečenko, narezan na grižljaj velike kose
- 1/4 skodelice rdečega vinskega kisa
- 3 žlice. rastlinsko olje
- 2 stroka česna, nasekljana
- 1 žlica mleta kumina
- 1 žlica paprika
- 1 čajna žlička posušen origano
- 1 čajna žlička čili v prahu
- Sol, po okusu
- Sveže mleti črni poper, po okusu
- Lesena nabodala, namočena v vodi vsaj 30 minut
- Salsa de Aji (perujska čili omaka), za serviranje

NAVODILA:
a) V veliki skledi zmešajte rdeči vinski kis, rastlinsko olje, sesekljan česen, mleto kumino, papriko, posušen origano, čili v prahu, sol in črni poper.
b) Dobro premešajte, da ustvarite marinado.
c) Dodajte koščke govejega srca ali fileja v marinado in premešajte, da se meso dobro prekrije.
d) Skledo pokrijemo in pustimo marinirati v hladilniku vsaj 2 uri, še bolje pa čez noč, da se okusi razvijejo.
e) Predgrejte svoj žar ali brojlerja na srednje visoko temperaturo.
f) Marinirane kose govedine nanizamo na namočena lesena nabodala, med posameznimi kosi pa pustimo majhen prostor.
g) Anticuchos pecite na žaru ali jih pecite približno 3-4 minute na vsako stran ali dokler ni meso pečeno do želene stopnje pečenosti.
h) Za enakomerno peko nabodala občasno obrnite.
i) Odstranite kuhane antikuhose z žara ali brojlerja in jih pustite počivati nekaj minut, preden jih postrežete.
j) Anticuchos postrezite vroče, skupaj s Salsa de Aji, tradicionalno perujsko čilijevo omako, za namakanje.

PERUTNINA

47. Estofado de Pollo / piščančja enolončnica

SESTAVINE:
- 2 kilograma kosov piščanca (noge, stegna ali cel piščanec, narezan na kose)
- 2 žlici. rastlinsko olje
- 1 čebula, drobno sesekljana
- 2 stroka česna, nasekljana
- 1 rdeča paprika, narezana na rezine
- 1 rumena paprika, narezana na rezine
- 2 paradižnika, narezana na kocke
- 2 žlici. paradižnikova mezga
- 1 skodelica piščančje juhe
- 1 skodelica zamrznjenega zelenega graha
- 1 čajna žlička mleta kumina
- 1 čajna žlička paprika
- 1 čajna žlička posušen origano
- Sol in poper po okusu
- Svež cilantro ali peteršilj, sesekljan (za okras)

NAVODILA:
a) Kose piščanca začinimo s soljo in poprom.
b) V velikem loncu ali nizozemski pečici segrejte rastlinsko olje na srednjem ognju.
c) Dodamo kose piščanca in jih popečemo z vseh strani. Odstranite piščanca iz lonca in ga odstavite.
d) V isti lonec dodamo sesekljano čebulo, sesekljan česen in narezano papriko. Pražimo, dokler se zelenjava ne zmehča.
e) V lonec dodamo na kocke narezan paradižnik in paradižnikovo mezgo ter kuhamo nekaj minut, da paradižniki razpadejo in spustijo sok.
f) Vrnite kose piščanca v lonec, skupaj z vsemi nabranimi sokovi. Premešajte, da se piščanec prekrije z mešanico zelenjave in paradižnika.
g) Prilijemo piščančjo juho in dodamo mleto kumino, papriko, posušen origano, sol in poper. Mešajte, da se združi.
h) Enolončnico zavremo, nato ogenj zmanjšamo na nizko in lonec pokrijemo. Pustite vreti približno 30-40 minut ali dokler piščanec ni kuhan in mehak.
i) V lonec dodamo zamrznjen zeleni grah in kuhamo še 5 minut.
j) Okusite in po potrebi prilagodite začimbe.
k) Odstranite lonec z ognja in pustite stati nekaj minut.
l) Estofado de Pollo/piščančjo enolončnico postrezite vroče, okrašeno s svežim cilantrom ali peteršiljem.
m) Enolončnico dopolnite z rižem ali krompirjem in uživajte v okusni in prijetni Estofado de Pollo/piščančji enolončnici.

48.Arroz con Pato/Račji riž

SESTAVINE:
- 1 cela raca, narezana na servirne kose
- 2 skodelici dolgozrnatega riža
- 4 skodelice piščančje juhe
- 1 skodelica piva (po možnosti svetlega ležaka)
- 1 šopek svežega cilantra, odstranjenim steblom
- 1 čebula, sesekljana
- 4 stroki česna, sesekljani
- 2 žlici. rastlinskega olja
- 1 čajna žlička mlete kumine
- 1 čajna žlička paprike
- 1 žlica paste aji amarillo (pasta perujskega rumenega čilija) (neobvezno)
- Sol in poper po okusu
- Narezana rdeča čebula in rezine limete za okras

NAVODILA:
a) V velikem loncu na srednjem ognju segrejte rastlinsko olje.
b) Dodamo sesekljano čebulo in sesekljan česen ter pražimo, dokler čebula ne postekleni.
c) V lonec dodajte koščke race in jih pecite, dokler ne porjavijo z vseh strani.
d) Dodajte mleto kumino, papriko in pasto aji amarillo (če uporabljate) in premešajte, da se raca prekrije z začimbami.
e) Zalijemo s pivom in kuhamo nekaj minut, da alkohol izhlapi.
f) V lonec dodajte piščančjo juho in jo zavrite. Zmanjšajte ogenj na nizko, lonec pokrijte in pustite, da raca vre približno 1 do 1,5 ure ali dokler se ne zmehča. Odstranite odvečno maščobo ali nečistoče, ki se med kuhanjem dvignejo na površje.
g) Medtem ko se raca peče, zmešajte koriander z malo vode v mešalniku ali kuhinjskem robotu, dokler ne dobite gladkega pireja.
h) Ko je raca mehka, jo odstranite iz lonca in odložite. Prihranite tekočino za kuhanje.
i) V ločenem loncu segrejte 2 žlici. rastlinskega olja na srednjem ognju.
j) Dodamo riž in premešamo, da ga prekrijemo z oljem.
k) Nalijte prihranjeno tekočino za kuhanje iz race, skupaj z toliko vode, da dobite skupno 4 skodelice tekočine (po potrebi prilagodite).
l) Začinimo s soljo in poprom po okusu.
m) Vmešajte koriandrov pire in tekočino zavrite. Zmanjšajte ogenj na nizko, lonec pokrijte in pustite, da riž vre približno 20-25 minut oziroma dokler ni kuhan in se tekočina vpije.
n) Medtem ko se riž kuha, kuhano račje meso raztrgajte z dvema vilicama ali rokami, pri čemer odstranite kosti in odvečno maščobo.
o) Ko je riž kuhan, ga pretlačimo z vilicami in vanj nežno vmešamo naribano račje meso.
p) Po potrebi prilagodite začimbe in pustite, da se okusi nekaj minut prepojijo.
q) Arroz con Pato/račji riž postrezite vroč, okrašen z narezano rdečo čebulo in rezinami limete ob strani.

49.Pollo a la Brasa/Rotisserie Chicken

SESTAVINE:
- 1 cel piščanec, približno 3-4 funte
- 4 stroki česna, sesekljani
- 2 žlici. rastlinsko olje
- 2 žlici. sojina omaka
- 2 žlici. beli kis
- 1 žlica paprika
- 1 žlica kumina
- 1 žlica posušen origano
- 1 čajna žlička Črni poper
- 1 čajna žlička sol
- Sok 1 limete
- Žar na oglje ali plin

NAVODILA:
a) V skledi zmešajte sesekljan česen, rastlinsko olje, sojino omako, beli kis, papriko, kumino, posušen origano, črni poper, sol in limetin sok.
b) Dobro premešajte, da ustvarite marinado.
c) Celega piščanca položite v veliko vrečko z zadrgo ali posodo s pokrovom. Piščanca prelijte z marinado in se prepričajte, da je dobro prevlečen.
d) Zaprite vrečko ali pokrijte posodo in postavite v hladilnik za vsaj 4 ure ali še bolje čez noč, da se okusi prepojijo s piščancem.
e) Predgrejte žar na srednje visoko temperaturo. Če uporabljate oglje, počakajte, da oglje postane belo in žareče.
f) Mariniranega piščanca vzamemo iz hladilnika in pustimo stati na sobni temperaturi približno 30 minut, preden ga pečemo na žaru.
g) Piščanca položite na žar s prsmi navzdol.
h) Kuhajte približno 20-25 minut, nato obrnite piščanca in pecite dodatnih 20-25 minut. Nadaljujte s peko na žaru, občasno obračajte, dokler piščanec ne doseže notranje temperature 165 °F (75 °C) in koža ni zlato rjava in hrustljava.
i) Ko je piščanec pečen, ga odstranite z žara in pustite nekaj minut počivati, preden ga narežete.
j) Piščanca Pollo a la Brasa/Rotisserie narežite na kose za serviranje, kot so krače, krila in prsi.
k) Piščanca Pollo a la Brasa/Rotisserie postrezite vročega s prilogami po vaši izbiri, kot je ocvrt krompirček, solata ali riž.

50.Aji de Gallina /piščanec v poprovi omaki Aji

SESTAVINE:
- 2 funta piščančjih prsi ali beder brez kosti
- 4 skodelice piščančje juhe
- 2 žlici. rastlinsko olje
- 1 srednja čebula, sesekljana
- 3 stroki česna, sesekljani
- 2 rumeni papriki ají (ali nadomestite s papriko jalapeño), brez semen in drobno sesekljani
- 2 žlički. mleta kumina
- 1 čajna žlička kurkuma v prahu
- 1 skodelica evaporiranega mleka
- 1 skodelica naribanega parmezana
- 1 skodelica sesekljanih orehov
- 1/2 skodelice črnih oliv, narezanih
- Sol, po okusu
- Sveže mleti črni poper, po okusu
- Kuhan beli riž, za serviranje
- Trdo kuhana jajca, narezana, za okras
- Svež peteršilj ali koriander, sesekljan, za okras

NAVODILA:
a) V velikem loncu zavrite piščančje prsi ali stegna in piščančjo juho.
b) Zmanjšajte ogenj na nizko, pokrijte in dušite približno 20 minut oziroma dokler ni piščanec popolnoma kuhan.
c) Odstranite piščanca iz lonca in prihranite juho.
d) Pustite, da se piščanec nekoliko ohladi, nato pa ga narežite na majhne koščke. Dati na stran.
e) V veliki ponvi na srednjem ognju segrejte rastlinsko olje.
f) Dodamo sesekljano čebulo in sesekljan česen ter pražimo toliko časa, da čebula postekleni in zadiši.
g) V ponev dodajte sesekljano papriko ají, mleto kumino in kurkumo v prahu.
h) Med občasnim mešanjem kuhajte nekaj minut, da se okusi prepojijo.
i) Prilijemo prihranjeno piščančjo juho, evaporirano mleko, nariban parmezan in sesekljane orehe.
j) Dobro premešamo, da se vse sestavine povežejo.
k) Mešanico zavremo in kuhamo približno 10 minut oziroma toliko časa, da se omaka rahlo zgosti.
l) V ponev dodajte narezano piščance in narezane črne olive.
m) Premešajte, da se piščanec enakomerno prekrije z omako.
n) Kuhajte še dodatnih 5 minut, da se okusi premešajo.
o) Po okusu začinimo s soljo in sveže mletim črnim poprom.
p) Aji de Gallina postrezite vroče na kuhanem belem rižu. Okrasite z narezanimi trdo kuhanimi jajci in sveže sesekljanim peteršiljem ali cilantrom.

51. Causa de Pollo/Chicken Causa

SESTAVINE:
KROMPIRJEVE PLASTI
- 2 funta rumenega krompirja, olupljenega in skuhanega do mehkega
- 1/4 skodelice rastlinskega olja
- 2-3 žlice. limetinega soka
- 1-2 žlički. rumene čilijeve paste (aji amarillo paste)
- Sol po okusu

PIŠČANČJI SOLATNI NADEV
- 2 skodelici kuhanih piščančjih prsi, narezanih
- 1/2 skodelice majoneze
- 1 žlica limetinega soka
- 1 žlica rumene čilijeve paste (aji amarillo paste)
- 1/2 skodelice drobno sesekljane rdeče čebule
- 1/4 skodelice drobno sesekljanega cilantra
- Sol in poper po okusu

SESTAVLJANJE IN OKRAŠEVANJE
- Rezine avokada
- Trdo kuhana jajca, narezana
- Črne olive
- Solatni listi
- Dodatna rumena čili pasta za okras

NAVODILA:

a) V veliki skledi pretlačite kuhan rumeni krompir z mečkalcem ali vilicami, da postane gladek in brez grudic.

b) Krompirjevemu pireju dodajte rastlinsko olje, limetin sok, pasto iz rumenega čilija in sol.

c) Dobro premešajte, dokler se vse sestavine ne premešajo in krompir postane gladke, kremaste konsistence. Okusite in po potrebi prilagodite začimbe.

d) V drugi skledi zmešajte narezane piščančje prsi, majonezo, limetin sok, rumeno čilijevo pasto, rdečo čebulo, koriander, sol in poper.

e) Dobro premešajte, da piščanca enakomerno prekrijete s prelivom.

f) Pravokotno ali kvadratno posodo obložite s plastično folijo, tako da ob straneh pustite dovolj previsa za enostavno odstranitev.

g) Na dno posode enakomerno razporedite plast mešanice pire krompirja, približno 1/2 palca debelo.

h) Na plast krompirja dodajte plast mešanice piščančje solate in jo enakomerno razporedite po.

i) Postopek ponavljamo tako, da izmenjujemo plasti pire krompirja in piščančje solate, dokler ne porabimo vseh sestavin, zaključimo s plastjo pire krompirja na vrhu.

j) Posodo pokrijemo s previsno plastično folijo in postavimo v hladilnik za vsaj 2 uri, da se okusi prepojijo in causa strdi.

k) Ko je ohlajen in strjen, odstranite plastično folijo in previdno obrnite causa na servirni krožnik.

l) Vrh cause okrasite z rezinami avokada, rezinami trdo kuhanega jajca, črnimi olivami in listi zelene solate.

m) Po vrhu dekorativno pokapljajte rumeno čilijevo pasto za dodatno barvo in okus.

n) Causa narežemo na posamezne porcije in postrežemo ohlajenega.

52. Arroz Chaufa/perujski ocvrt riž

SESTAVINE:
- 3 skodelice kuhanega belega riža, najbolje dan starega in ohlajenega
- 1 skodelica kuhanega piščanca ali svinjine, narezana na kocke
- 1 skodelica kuhanih kozic, olupljenih in brez rezin
- 1/2 skodelice zamrznjenega graha in korenja, odmrznjenega
- 1/2 skodelice narezane čebule
- 2 stroka česna, nasekljana
- 2 žlici. sojina omaka
- 1 žlica omaka iz školjk
- 1 žlica sezamovo olje
- 2 žlici. rastlinsko olje
- 2 jajci, rahlo stepeni
- Sol in poper po okusu
- Narezana zelena čebula, za okras

NAVODILA:
a) V veliki ponvi ali voku na srednje močnem ognju segrejte rastlinsko olje.
b) V ponev dodamo na kocke narezano čebulo in sesekljan česen ter med mešanjem pražimo nekaj minut, da zadišita in se rahlo zmehčata.
c) Na eno stran ponve potisnemo čebulo in česen, na drugo pa vlijemo stepena jajca. Jajca stepamo, dokler niso kuhana, nato jih zmešamo s čebulo in česnom.
d) V ponev dodamo narezano piščančje ali svinjsko meso, kuhane kozice, odmrznjen grah in korenje. Med mešanjem pražimo nekaj minut, da se sestavine segrejejo.
e) V ponev dodamo ohlajen kuhan riž in z lopatko razdrobimo grudice. Riž prepražimo z ostalimi sestavinami in jih enakomerno porazdelimo po rižu.
f) Po rižu pokapljajte sojino omako, ostrigino omako in sezamovo olje. Dobro premešamo, da se riž poveže in enakomerno obloži z omakami.
g) Arroz Chaufa/perujski ocvrt riž začinite s soljo in poprom po okusu. Količino začimb in omak prilagodite svojim željam.
h) Riž še nekaj minut med mešanjem pražimo, da se dobro segreje in se okusi prepojijo.
i) Odstranite Arroz Chaufa/Peruvian Fried Rice z ognja in ga okrasite z narezano zeleno čebulo.
j) Arroz Chaufa/perujski ocvrti riž postrezite vroč kot glavno jed ali kot prilogo z dodatno sojino omako ali čilijevo omako po želji.

53. Arroz con Pollo (perujski piščanec in riž)

SESTAVINE:
- 2 skodelici dolgozrnatega riža
- 4 četrtine piščančjih nog, s kožo in s kostmi
- 2 žlici rastlinskega olja
- 1/2 skodelice na kocke narezane rdeče paprike
- 1/2 skodelice narezane zelene paprike
- 1/2 skodelice narezane rdeče čebule
- 2 stroka česna, nasekljana
- 2 žlici paste aji amarillo (pasta perujskega rumenega čilija)
- 2 skodelici piščančje juhe
- 1/2 skodelice zamrznjenega graha
- 1/2 skodelice narezanega korenja
- 1/2 skodelice narezanega stročjega fižola
- 1/4 skodelice svežega cilantra, sesekljanega
- Sol in poper po okusu

NAVODILA:
a) V velikem loncu segrejte rastlinsko olje in na njem z vseh strani zapecite četrtine piščančjih nog. Odstranite in postavite na stran.
b) V istem loncu prepražimo na kocke narezano rdečo in zeleno papriko, na kocke narezano rdečo čebulo in sesekljan česen, dokler se ne zmehčajo.
c) Vmešajte pasto aji amarillo in kuhajte nekaj minut.
d) Piščanca vrnemo v lonec, dodamo riž in zalijemo s piščančjo juho. Začinimo s soljo in poprom.
e) Dodamo zamrznjen grah, na kocke narezano korenje in na kocke narezan stročji fižol. Dobro premešaj.
f) Pokrijte in dušite, dokler ni piščanec kuhan, riž pa mehak.
g) Pred serviranjem okrasite s svežim cilantrom.

54. Papa a la Huancaína con Pollo

SESTAVINE:
ZA OMAKO HUANCAÍNA:
- 2 papriki aji amarillo, brez semen in razrezov
- 2 stroka česna, nasekljana
- 1 skodelica queso fresco (perujski sveži sir)
- 1/2 skodelice evaporiranega mleka
- 4 soda krekerji
- 2 žlici rastlinskega olja
- Sol in poper po okusu

ZA PIŠČANCA:
- 4 piščančje prsi brez kosti in kože
- 1/4 skodelice rastlinskega olja
- Sol in poper po okusu

ZA KROMPIR:
- 4 veliki rumeni krompirji, kuhani in narezani
- Solatni listi za serviranje
- Črne olive za okras
- Trdo kuhana jajca, narezana

NAVODILA:
a) V mešalniku zmešajte papriko aji amarillo, sesekljan česen, queso fresco, evaporirano mleko, soda krekerje, rastlinsko olje, sol in poper. Mešajte, dokler ne dobite kremaste omake Huancaína.

b) Piščančje prsi začinite s soljo in poprom, nato jih pecite na žaru ali v ponvi, dokler niso kuhane.

c) Piščanca postrezite na listih zelene solate, na vrh položite rezine kuhanega krompirja, piščanca in krompir pa pokapljajte z omako Huancaína.

d) Okrasite z rezinami trdo kuhanega jajca in črnimi olivami.

55.Aguadito de Pollo (perujska piščančja in riževa juha)

SESTAVINE:
- 4 piščančja stegna s kostjo in kožo
- 1 skodelica dolgozrnatega riža
- 8 skodelic piščančje juhe
- 1/2 skodelice zelenega graha
- 1/2 skodelice koruznih zrn (sveža ali zamrznjena)
- 1/2 skodelice sesekljanega cilantra
- 1/2 skodelice narezane rdeče čebule
- 2 stroka česna, nasekljana
- 1 poper aji amarillo, brez semen in drobno sesekljan (neobvezno za segrevanje)
- 2 žlici rastlinskega olja
- Sol in poper po okusu
- Rezine limete za serviranje

NAVODILA:
a) V velikem loncu segrejte rastlinsko olje na srednje močnem ognju.
b) Dodamo piščančja bedra in jih z obeh strani popečemo.
c) Dodajte na kocke narezano rdečo čebulo, sesekljan česen in aji amarillo (če uporabljate) ter kuhajte, dokler se čebula ne zmehča.
d) Vmešamo riž in kuhamo nekaj minut.
e) Zalijemo s piščančjo juho in zavremo.
f) Zmanjšajte ogenj, da zavre, in dodajte zeleni grah, koruzo in sesekljan koriander.
g) Dušimo toliko časa, da je riž kuhan in se juha rahlo zgosti.
h) Postrezite z rezinami limete za stiskanje čez juho.

56.Piščanec in krompir Pachamanca

SESTAVINE:
- 4 kosi piščanca s kostmi in kožo
- 4 veliki rumeni krompirji, olupljeni in razpolovljeni
- 2 skodelici lima fižola, oluščenega
- 4 klasje, oluščene in narezane na kolobarje
- 1/2 skodelice aji panca paste (perujska pasta rdečega čilija)
- 1/2 skodelice chicha de jora (perujsko fermentirano koruzno pivo)
- 1/4 skodelice rastlinskega olja
- 2 žlici strtega česna
- 2 žlici mlete kumine
- 2 žlici posušenega origana
- Bananini listi
- Sol in poper po okusu

NAVODILA:
a) V veliki skledi za mešanje zmešajte aji panca pasto, chicha de jora, rastlinsko olje, strt česen, mleto kumino, posušen origano, sol in poper, da naredite marinado.
b) Kose piščanca in krompir namažite z marinado in pustite stati približno 1 uro.
c) Bananine liste položite na dno podzemne pečice ali velikega pekača.
d) Na bananine liste položite mariniranega piščanca, krompir, lima fižol in koruzo.
e) Pokrijte z več bananinimi listi.
f) Pečemo v podzemni pečici ali običajni pečici pri nizki temperaturi (okoli 300°F ali 150°C) več ur, dokler ni vse pečeno in mehko.
g) Postrezite toplo.

57. Aji de Pollo (piščanec v pikantni omaki Aji)

SESTAVINE:
- 4 piščančje prsi brez kosti in kože, narezane na trakove
- 1/2 skodelice aji amarillo omake (perujska rumena čili omaka)
- 2 žlici rastlinskega olja
- 1 rdeča čebula, narezana na tanke rezine
- 2 stroka česna, nasekljana
- 2 skodelici piščančje juhe
- 2 žlici praženih in mletih arašidov
- 1/2 skodelice queso fresco (perujski sveži sir), zdrobljen
- 4 skodelice kuhanega belega riža
- Sol in poper po okusu

NAVODILA:
a) V veliki ponvi na srednjem ognju segrejte rastlinsko olje.
b) Dodamo narezano rdečo čebulo in sesekljan česen. Pražimo, dokler se čebula ne zmehča.
c) Dodajte piščančje trakove in kuhajte, dokler ne porjavijo.
d) Primešajte omako aji amarillo in piščančjo juho. Dušimo, dokler ni piščanec kuhan in se omaka zgosti.
e) Začinimo s soljo in poprom po okusu.
f) Aji de Pollo postrezite na kuhanem belem rižu, okrašenem z mletimi arašidi in zdrobljenim queso fresco.

58.Quinotto con Pollo (rižota s piščancem in kvinojo)

SESTAVINE:
- 2 piščančji prsi brez kosti in kože, narezani na kocke
- 1 skodelica kvinoje
- 2 skodelici piščančje juhe
- 1/2 skodelice belega vina
- 1/2 skodelice naribanega parmezana
- 1/4 skodelice sesekljanega svežega cilantra
- 1/4 skodelice narezane rdeče paprike
- 1/4 skodelice zelenega graha
- 2 žlici rastlinskega olja
- Sol in poper po okusu

NAVODILA:
a) V veliki ponvi segrejte rastlinsko olje in kuhajte piščančje kocke, dokler ne porjavijo in se skuhajo. Odstranite iz ponve in odstavite.
b) V isto ponev dodamo kvinojo in jo pražimo nekaj minut.
c) Zalijemo z belim vinom in pustimo vreti, da se večinoma vpije.
d) Postopoma dodajajte piščančjo juho in mešajte, dokler kvinoja ni kuhana in kremasta.
e) Vmešajte nariban parmezan, sesekljan koriander, na kocke narezano rdečo papriko in na kocke narezan zeleni grah.
f) Začinimo s soljo in poprom.
g) Quinotto postrezite s kuhanim piščancem na vrhu.

MORSKI PRAŠIČEK

59. Picante de Cuy/enolončnica z morskimi prašički

SESTAVINE:

- 2 morska prašička, očiščena in narezana na servirne kose
- 1 skodelica aji panca paste (perujska pasta rdečega čilija)
- 1/2 skodelice rastlinskega olja
- 2 čebuli, drobno sesekljani
- 4 stroki česna, sesekljani
- 2 žlici. mlete kumine
- 2 žlici. posušenega origana
- 2 skodelici piščančje ali zelenjavne juhe
- 4 krompirje, olupljene in narezane na kocke
- 2 korenčka, olupljena in narezana
- 1 skodelica zelenega graha (svežega ali zamrznjenega)
- Sol in poper po okusu
- Svež cilantro za okras
- Kuhan beli riž za serviranje

NAVODILA:

a) V veliki skledi marinirajte koščke morskega prašička s pasto aji panca, pri čemer zagotovite, da so enakomerno prevlečeni. Pustite, da se marinira vsaj 30 minut, najbolje pa čez noč v hladilniku.

b) V velikem loncu ali nizozemski pečici segrejte rastlinsko olje na srednjem ognju.

c) V lonec dodamo sesekljano čebulo in sesekljan česen ter pražimo toliko časa, da čebula postekleni in česen zadiši.

d) Vmešamo mleto kumino in posušen origano ter kuhamo minuto, da se sprostijo okusi.

e) V lonec dodamo marinirane koščke morskega prašička in jih z vseh strani za nekaj minut zapečemo.

f) Prilijemo piščančjo ali zelenjavno juho ter po okusu začinimo s soljo in poprom.

g) Lonec pokrijte in pustite, da se morski prašiček na majhnem ognju duši približno 1 do 1,5 ure oziroma dokler se meso ne zmehča in skuha. Občasno premešamo in po potrebi dodamo še juho.

h) V ločenem loncu v slani vodi skuhamo krompir in korenje, dokler se ne zmehčata. Odcedimo in odstavimo.

i) Ko je morski prašiček kuhan, v lonec dodamo kuhan krompir, korenje in stročji grah. Nežno premešajte, da se združi.

j) Nadaljujte s kuhanjem še 10 minut, da se okusi prepojijo.

k) Lonec odstavimo z ognja in pustimo nekaj minut počivati, preden ga postrežemo.

l) Picante de Cuy/enolončnico morskega prašička postrezite vročo, okrašeno s svežim cilantrom.

m) Zraven priložimo kuhan beli riž.

60. Cuy Chactado (ocvrti morski prašiček)

SESTAVINE:
- 2 morska prašička, oblečena in narezana na kose
- 1 skodelica aji amarillo omake (perujska rumena čili omaka)
- 1 skodelica rastlinskega olja
- 1 skodelica koruznega škroba
- 1 skodelica kuhanega rumenega krompirja, narezanega
- Solatni listi za serviranje
- Rezine limete za okras
- Sol in poper po okusu

NAVODILA:
a) Kose morskega prašička začinite s soljo in poprom.
b) Vsak kos potopite v omako aji amarillo in nato v koruzni škrob za premaz.
c) V veliki ponvi segrejte rastlinsko olje in pecite koščke morskih prašičkov, dokler niso hrustljavi in pečeni.
d) Cuy Chactado postrezite z rezinami kuhanega krompirja, listi zelene solate in rezinami limete.

61. Pachamanca de Cuy (morski prašiček, pečen v podzemni pečici)

SESTAVINE:
- 2 oblečena in očiščena morska prašička
- 4 veliki krompirji, olupljeni in prepolovljeni
- 2 skodelici lima fižola, oluščenega
- 4 klasje, oluščene in narezane na kolobarje
- 1/2 skodelice aji panca paste (perujska pasta rdečega čilija)
- 1/2 skodelice chicha de jora (perujsko fermentirano koruzno pivo)
- 1/4 skodelice rastlinskega olja
- 2 žlici strtega česna
- 2 žlici mlete kumine
- 2 žlici posušenega origana
- Bananini listi
- Sol in poper po okusu

NAVODILA:
a) V veliki skledi za mešanje zmešajte aji panca pasto, chicha de jora, rastlinsko olje, strt česen, mleto kumino, posušen origano, sol in poper, da naredite marinado.
b) Morske prašičke natrite z marinado in pustite stati približno 1 uro.
c) Bananine liste položite na dno podzemne pečice ali velikega pekača.
d) Na bananine liste položite marinirane morske prašičke, krompir, lima fižol in koruzne kolobarje.
e) Pokrijte z več bananinimi listi.
f) Pečemo v podzemni pečici ali običajni pečici pri nizki temperaturi (okoli 300°F ali 150°C) več ur, dokler ni vse pečeno in mehko.
g) Postrezite toplo.

62. Cuy al Horno (pečen morski prašiček)

SESTAVINE:
- 2 oblečena in očiščena morska prašička
- 2 žlici aji panca paste (perujska pasta rdečega čilija)
- 1/4 skodelice rastlinskega olja
- 2 stroka česna, nasekljana
- 1/4 skodelice belega vina
- 2 žlički mlete kumine
- 2 žlički posušenega origana
- Sol in poper po okusu

NAVODILA:
a) V skledi zmešajte pasto aji panca, rastlinsko olje, sesekljan česen, belo vino, mleto kumino, posušen origano, sol in poper, da ustvarite marinado.
b) Morske prašičke namažite z marinado in se prepričajte, da so dobro prevlečeni. Pustite jih marinirati vsaj 2 uri.
c) Pečico segrejte na 350°F (175°C).
d) Marinirane morske prašičke položimo v pekač in pečemo v ogreti pečici približno 1 do 1,5 ure oziroma toliko časa, da so popolnoma pečeni in hrustljavo zapečejo.
e) Postrezite Cuy al Horno s perujskimi prilogami po vaši izbiri.

63.Cuy con Papa a la Huancaina

SESTAVINE:

ZA MORSKEGA PRAŠIČKA:
- 2 oblečena in očiščena morska prašička
- 1/4 skodelice aji panca paste (perujska pasta rdečega čilija)
- 2 žlici rastlinskega olja
- 2 stroka česna, nasekljana
- 1/4 skodelice belega vina
- 2 žlički mlete kumine
- 2 žlički posušenega origana
- Sol in poper po okusu

ZA KROMPIR HUANCAINA:
- 4 rumene krompirje, skuhane in narezane
- 1 skodelica queso fresco (perujski sveži sir)
- 1/2 skodelice aji amarillo omake (perujska rumena čili omaka)
- 1/4 skodelice evaporiranega mleka
- 2 žlici rastlinskega olja
- Sol in poper po okusu

NAVODILA:

a) V skledi zmešajte pasto aji panca, rastlinsko olje, sesekljan česen, belo vino, mleto kumino, posušen origano, sol in poper, da ustvarite marinado za morske prašičke.

b) Morske prašičke namažite z marinado in se prepričajte, da so dobro prevlečeni. Pustite jih marinirati vsaj 2 uri.

c) Pečico segrejte na 350°F (175°C).

d) Marinirane morske prašičke položimo v pekač in pečemo v ogreti pečici približno 1 do 1,5 ure oziroma toliko časa, da so popolnoma pečeni in hrustljavo zapečejo.

e) Za krompir Huancaina zmešajte queso fresco, omako aji amarillo, evaporirano mleko, rastlinsko olje, sol in poper, dokler ne dobite kremaste omake.

f) Pečene morske prašičke postrezite z rezinami kuhanega krompirja, pokapanimi z omako Huancaina.

64.Cuy Saltado (pečen morski prašiček)

SESTAVINE:

- 2 oblečena in očiščena morska prašička, narezana na kose
- 2 žlici rastlinskega olja
- 1 rdeča čebula, narezana na tanke rezine
- 1 rdeča paprika, narezana na rezine
- 2 paradižnika, narezana na rezine
- 2 stroka česna, nasekljana
- 1/4 skodelice paste aji amarillo (perujska pasta iz rumenega čilija)
- 2 žlici sojine omake
- 2 žlici rdečega vinskega kisa
- Sol in poper po okusu

NAVODILA:

a) V veliki ponvi ali voku na močnem ognju segrejte rastlinsko olje.
b) Dodajte koščke morskega prašička in med mešanjem pražite, dokler ne porjavijo in se skuhajo. Odstranite iz ponve in odstavite.
c) V isto ponev dodamo narezano rdečo čebulo, rdečo papriko in sesekljan česen. Med mešanjem pražimo toliko časa, da se zelenjava zmehča.
d) Vrnite koščke morskega prašička v ponev in dodajte narezan paradižnik, pasto aji amarillo, sojino omako in rdeči vinski kis. Kuhajte nekaj minut.
e) Začinimo s soljo in poprom po okusu.
f) Cuy Saltado postrezite s parjenim belim rižem.

65.Cuy en Salsa de Mani (morski prašiček v arašidovi omaki)

SESTAVINE:
- 2 oblečena in očiščena morska prašička, narezana na kose
- 1/2 skodelice aji panca paste (perujska pasta rdečega čilija)
- 1/2 skodelice rastlinskega olja
- 2 čebuli, drobno sesekljani
- 4 stroki česna, sesekljani
- 1 skodelica praženih arašidov, mletih
- 2 skodelici piščančje juhe
- 1/4 skodelice evaporiranega mleka
- Sol in poper po okusu

NAVODILA:
a) V skledi zmešajte pasto aji panca, rastlinsko olje, drobno sesekljano čebulo, mleti česen in mlete pražene arašide, da ustvarite marinado za morske prašičke.
b) Kose morskega prašička natrite z marinado in se prepričajte, da so dobro prevlečeni. Pustite jih marinirati vsaj 2 uri.
c) Na zmernem ognju segrejte velik lonec. Dodamo marinirane koščke morskega prašička in kuhamo, dokler ne porjavijo z vseh strani.
d) Prilijemo piščančjo juho in evaporirano mleko. Dušimo toliko časa, da se morski prašički skuhajo in se omaka zgosti.
e) Začinimo s soljo in poprom po okusu.
f) Postrezite Cuy en Salsa de Mani s parjenim belim rižem.

RIBE IN MORSKI SADEŽI

66.Trucha a la Plancha/postrvi na žaru

SESTAVINE:
- 4 fileji postrvi, na koži
- 2 žlici. rastlinskega olja
- Sok 1 limone
- Sol in poper po okusu
- Sveža zelišča (kot je peteršilj ali cilantro), sesekljana (neobvezno)
- Limonine rezine za serviranje

NAVODILA:
a) Predgrejte žar ali segrejte veliko ponev na srednje močnem ognju.
b) Fileje postrvi oplaknemo pod mrzlo vodo in osušimo s papirnatimi brisačkami.
c) Obe strani filejev postrvi premažite z rastlinskim oljem, tako da so enakomerno prevlečeni.
d) Fileje na obeh straneh začinimo s soljo, poprom in kančkom limoninega soka.
e) Fileje postrvi položite s kožo navzdol na žar ali ponev.
f) Pecite približno 3-4 minute na vsaki strani ali dokler riba ni neprozorna in se zlahka razkosmi z vilicami. Kožica mora biti hrustljava in zlato rjava.
g) Fileje postrvi odstavimo z ognja in prestavimo na servirni krožnik.
h) Potresite sveža zelišča (če jih uporabljate) po filejih za dodaten okus in okras.
i) Trucha a la Plancha/postrvi na žaru postrezite vroče, skupaj z rezinami limone, ki jih potresete po ribah.
j) Lahko ga postrežete s prilogo iz dušene zelenjave, riža ali solate, da dokončate obrok.

67. Parihuela/juha z morskimi sadeži

SESTAVINE:
- 1,1 funta mešanih morskih sadežev (kozice, lignji, školjke, hobotnice itd.)
- 1,1 funta filetov bele ribe (kot so morski list, hlastač ali trska)
- 1 čebula, drobno sesekljana
- 4 stroki česna, sesekljani
- 2 paradižnika, olupljena in narezana
- 2 žlici. paradižnikove paste
- 2 žlici. rastlinskega olja
- 1 žlica paste aji amarillo (pasta perujskega rumenega čilija) (neobvezno)
- 4 skodelice juhe iz rib ali morskih sadežev
- 1 skodelica belega vina
- 1 skodelica vode
- 1 čajna žlička mlete kumine
- 1 čajna žlička posušenega origana
- 1/4 skodelice sesekljanega cilantra
- Sol in poper po okusu

NAVODILA:
a) Segrejte rastlinsko olje v velikem loncu ali nizozemski pečici na srednjem ognju.
b) V lonec dodamo sesekljano čebulo in sesekljan česen ter pražimo, dokler ne posteklenita.
c) Vmešajte sesekljan paradižnik in paradižnikovo mezgo.
d) Kuhamo nekaj minut, da se paradižniki zmehčajo.
e) Če uporabljate pasto aji amarillo, jo dodajte v lonec in dobro premešajte z drugimi sestavinami.
f) Zalijemo z belim vinom in pustimo vreti nekaj minut, da se alkohol zmanjša.
g) V lonec dodajte ribjo ali morsko juho in vodo. Zavremo.
h) Ribje fileje narežemo na grižljaj in jih dodamo v lonec.
i) Zmanjšajte ogenj na nizko in pustite, da juha vre približno 10 minut oziroma dokler ni riba kuhana.
j) V lonec dodajte mešane morske sadeže (kozice, lignje, školjke, hobotnice itd.) in kuhajte še 5 minut oziroma dokler se morski sadeži ne skuhajo in ne zmehčajo.
k) Juho Parihuela/morski sadeži začinite z mleto kumino, posušenim origanom, soljo in poprom. Začimbe prilagodite svojemu okusu.
l) Po juhi potresemo sesekljan koriander in nežno premešamo.
m) Lonec odstavimo z ognja in pustimo nekaj minut počivati, preden ga postrežemo.
n) Juho Parihuela/morski sadeži postrezite vročo v jušnih skledah, skupaj s hrustljavim kruhom ali kuhanim rižem.

68. Z limeto marinirane surove ribe (Cebiche)

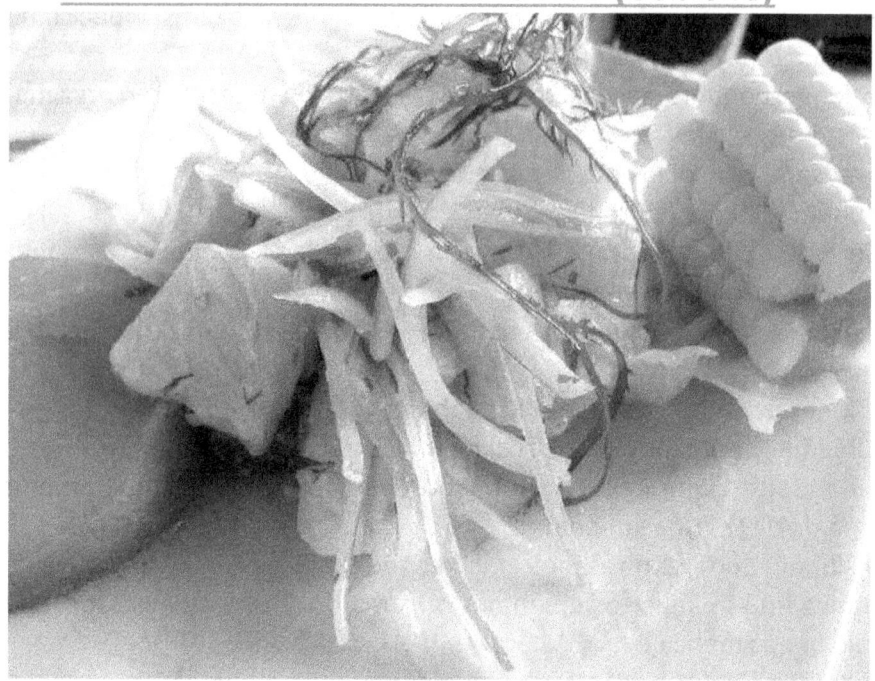

SESTAVINE:
- 1 ½ lbs. brancin, morski list, iverka, hlastač ali druge čvrste ribe
- 1 rdeča čebula, narezana na drobne rezine
- ½ aji amarillo čilija, zelo drobno sesekljanega
- Sol
- 1 strok česna, zelo drobno nasekljan Sok 12 limet
- 2 žlici. cilantro listi, narezani
- 1 večji sladki krompir, kuhan, olupljen in narezan na debelo
- 12 klasov koruze, narezanih na približno 12" debelih rezin, kuhanih
- Solatni listi

NAVODILA:
a) Zmešajte ribe in čebulo ter jih skupaj operite. Dobro odcedite.
b) Ribe položite v servirno skledo, ki jo želite uporabiti. Ribe začinimo s soljo, čilijem in česnom.
c) Dodajte limetin sok in nekaj kock ledu ali nekaj žlic ledene vode.
d) Pustimo počivati 5 minut, vendar ne dlje kot 45 minut. Zavrzite led.
e) Potresemo s koriandrovimi listi. Takoj postrezite s solato, koruzo in sladkim krompirjem.

69. Causa Rellena de Atún (tuna polnjena Causa)

SESTAVINE:
ZA VZROK:
- 4 veliki rumeni krompirji
- 2 žlici rastlinskega olja
- 1/4 skodelice limetinega soka
- 1 čajna žlička paste aji amarillo
- Sol in poper po okusu

ZA TUNIN NADEV:
- 1 pločevinka tune, odcejene
- 1/4 skodelice majoneze
- 1/4 skodelice drobno sesekljane rdeče čebule
- 2 trdo kuhani jajci, sesekljani
- Črne olive za okras
- Listi zelene solate (neobvezno)

NAVODILA:
a) Krompir kuhajte toliko časa, da postane mehak in ga lahko zlahka pretlačite.
b) Krompir olupimo in pretlačimo še toplega. Dodajte limetin sok, rastlinsko olje, pasto aji amarillo, sol in poper. Dobro premešamo, da nastane gladko krompirjevo testo.
c) Krompirjevo testo razdelite na dva enaka dela.
d) En del sploščite v servirnem krožniku in ustvarite osnovno plast.
e) V posebni skledi zmešamo odcejeno tunino, majonezo, sesekljano rdečo čebulo in trdo kuhana jajca.
f) Tunino mešanico razporedite po krompirjevi osnovni plasti.
g) Pokrijemo z drugim delom krompirjevega testa.
h) Okrasite s črnimi olivami.
i) Postrezite ohlajeno, po želji na posteljici iz solatnih listov.

70.Chupe de Camarones/juha iz kozic

SESTAVINE:
- 1 funt kozic, olupljenih in razrezanih
- 1 žlica olivno olje
- 1 čebula, drobno sesekljana
- 3 stroki česna, sesekljani
- 1 čajna žlička mleta kumina
- 1 čajna žlička posušen origano
- 2 žlici. ají amarillo pasta (ali nadomestite z rumeno čili pasto)
- 2 skodelici ribje ali zelenjavne juhe
- 1 skodelica evaporiranega mleka
- 1 skodelica zamrznjenih koruznih zrn
- 1 skodelica narezanega krompirja
- 1 skodelica narezanega korenja
- 1 skodelica narezane bučke
- 1/2 skodelice graha
- 1/2 skodelice na kocke narezane rdeče paprike
- 1/2 skodelice narezane zelene paprike
- 1/4 skodelice sesekljanega svežega cilantra
- Sol in poper po okusu
- 2 jajci, pretepeni
- Sveži sir, zdrobljen, za okras
- Svež cilantro, sesekljan, za okras

NAVODILA:
a) V velikem loncu na zmernem ognju segrejte olivno olje.
b) Dodamo sesekljano čebulo in sesekljan česen. Pražimo, dokler čebula ne postekleni in česen zadiši.
c) V lonec dodajte mleto kumino, posušen origano in pasto ají amarillo. Dobro premešajte, da se poveže in kuhajte še kakšno minuto, da se okusi sprostijo.
d) Dodajte ribjo ali zelenjavno juho in jo zavrite. Ogenj zmanjšamo na nizko in pustimo vreti približno 10 minut, da se okusi prepojijo.
e) V lonec dodajte evaporirano mleko, zamrznjena koruzna zrna, na kocke narezan krompir, korenje, bučke, grah, rdečo papriko, zeleno papriko in sesekljan koriander. Dobro premešamo in po okusu začinimo s soljo in poprom.
f) Mešanico dušite približno 15 minut oziroma dokler se zelenjava ne zmehča.
g) Medtem v ločeni ponvi na malo oljčnega olja prepražimo kozice, da rožnato obarvajo in se skuhajo. Dati na stran.
h) Ko se zelenjava zmehča, v lonec med nenehnim mešanjem počasi vlijemo stepena jajca. To bo ustvarilo trakove kuhanega jajca po vsej juhi.
i) V lonec dodamo kuhane kozice in nežno premešamo, da se povežejo. Juha naj vre še 5 minut, da se okusi prepojijo.
j) Chupe de Camarones/juho iz kozic postrezite vročo, okrašeno z nadrobljenim svežim sirom in sesekljanim svežim cilantrom.

71.Chupe de Pescado/ribja juha

SESTAVINE:
- 1 funt filejev bele ribe (kot so hlastač, polenovka ali tilapija), narezanih na grižljaj velike kose
- 1 čebula, drobno sesekljana
- 3 stroki česna, sesekljani
- 2 žlici. rastlinskega olja
- 2 žlici. paste ají amarillo (perujska pasta rumenega čilija) ali nadomestite s pirejem rumene paprike
- 2 skodelici juhe iz rib ali morskih sadežev
- 2 skodelici vode
- 2 srednje velika krompirja, olupljena in narezana na kocke
- 1 skodelica zamrznjenih koruznih zrn
- 1 skodelica evaporiranega mleka
- 1 skodelica svežega ali zamrznjenega graha
- 1 skodelica naribanega sira (na primer mozzarella ali cheddar)
- 2 žlici. sesekljanega svežega cilantra
- Sol in poper po okusu
- Rezine limete za serviranje

NAVODILA:
a) V velikem loncu na srednjem ognju segrejte rastlinsko olje.
b) Dodamo sesekljano čebulo in sesekljan česen ter pražimo toliko časa, da čebula postekleni in česen zadiši.
c) Vmešajte pasto ají amarillo ali pire rumene paprike in kuhajte minuto, da se okusi prepojijo.
d) V lonec dodajte juho iz rib ali morskih sadežev in vodo ter mešanico zavrite.
e) V lonec dodamo na kocke narezan krompir, ogenj zmanjšamo na srednje nizko in pustimo vreti približno 10 minut oziroma dokler krompir ni delno kuhan.
f) Vmešajte ribje fileje in zamrznjena koruzna zrna. Dušimo še 5-7 minut, da se riba skuha in koruza zmehča.
g) Prilijemo evaporirano mleko in dodamo grah. Dobro premešajte, da se poveže.
h) Chupe de Pescado/ribjo juho začinite s soljo in poprom po okusu. Po potrebi prilagodite začimbe.
i) Po vrhu juhe potresemo nariban sir. Lonec pokrijemo in pustimo vreti še 5 minut oziroma dokler se sir ne stopi in se okusi dobro povežejo.
j) Odstavite lonec z ognja in po juhi potresite sesekljan koriander.
k) Chupe de Pescado/ribjo juho postrezite vročo z rezinami limete ob strani, da jih potresete čez juho.
l) Chupe de Pescado/ribjo juho lahko uživate samostojno ali pa jo postrežete s hrustljavim kruhom ali rižem.

72. Arroz con Mariscos/riž z morskimi sadeži

SESTAVINE:
- 2 skodelici dolgozrnatega belega riža
- 1 funt mešanih morskih sadežev (kot so kozice, kalamari, školjke in pokrovače), očiščenih in razrezanih
- 2 žlici. rastlinsko olje
- 1 čebula, drobno sesekljana
- 4 stroki česna, sesekljani
- 1 rdeča paprika, narezana na kocke
- 1 skodelica paradižnikov (svežih ali konzerviranih)
- 1 žlica paradižnikova mezga
- 1 skodelica ribje ali morske juhe
- 1 skodelica belega vina (neobvezno)
- 1 čajna žlička mleta kumina
- 1 čajna žlička paprika
- 1/2 žličke posušen origano
- 1/4 žličke kajenski poper (neobvezno, za segrevanje)
- 1/4 skodelice sesekljanega svežega cilantra
- 1/4 skodelice sesekljanega svežega peteršilja
- Sok 1 limete
- Sol, po okusu
- Poper, po okusu

NAVODILA:
a) Riž spirajte pod hladno vodo, dokler voda ne postane bistra.
b) Riž skuhamo po navodilih na embalaži in ga odstavimo.
c) V veliki ponvi ali ponvi za paello na srednjem ognju segrejte rastlinsko olje.
d) Dodamo sesekljano čebulo, sesekljan česen in na kocke narezano rdečo papriko.
e) Pražimo toliko časa, da se zelenjava zmehča in zadiši.
f) Dodajte mešane morske sadeže v ponev in jih kuhajte, dokler niso delno kuhani, približno 3-4 minute.
g) Odstranite nekaj kosov morskih sadežev in jih po želji postavite na stran za kasnejše okrasje.
h) Primešajte na kocke narezan paradižnik, paradižnikovo pasto, juho iz rib ali morskih sadežev in belo vino (če uporabljate).
i) Mešanico zavremo in kuhamo približno 5 minut, da se okusi prepojijo.
j) Dodajte mleto kumino, papriko, posušen origano in kajenski poper (če uporabljate). Mešajte, da se združi.
k) Dodajte kuhan riž in ga nežno premešajte z morskimi sadeži in omako, dokler se dobro ne poveže.
l) Kuhajte še dodatnih 5 minut, da se okusi premešajo.
m) Odstranite ponev z ognja in vanjo vmešajte sesekljan koriander, sesekljan peteršilj in limetin sok.
n) Začinimo s soljo in poprom po okusu.
o) Po želji okrasite Arroz con Mariscos/riž z morskimi sadeži s prihranjenimi kuhanimi morskimi sadeži in dodatnimi svežimi zelišči.
p) Arroz con Mariscos/riž z morskimi sadeži postrezite vroč, skupaj z rezinami limete in posipom svežega cilantra ali peteršilja.

73.Escabeche de Pescado/kisle ribe

SESTAVINE:

- 1 ½ funta filejev bele ribe (kot so hlastač, tilapija ali trska)
- ½ skodelice večnamenske moke
- Sol in poper po okusu
- Rastlinsko olje za cvrtje
- 1 rdeča čebula, narezana na tanke rezine
- 2 korenčka, narezana na julien
- 1 rdeča paprika, narezana na tanke rezine
- 4 stroki česna, sesekljani
- 1 skodelica belega kisa
- 1 skodelica vode
- 2 lovorjeva lista
- 1 čajna žlička posušenega origana
- 1 čajna žlička mlete kumine
- ½ žličke paprike
- Sol in poper po okusu
- Svež cilantro ali peteršilj za okras

NAVODILA:
a) Ribje fileje začinimo s soljo in poprom. Potresemo jih v moko in otresemo odvečno količino.

b) V veliki ponvi na srednje močnem ognju segrejte rastlinsko olje. Ribje fileje ocvremo do zlato rjave barve na obeh straneh. Odstranite iz ponve in postavite na krožnik, obložen s papirnato brisačo, da odteče odvečno olje.

c) V isti ponvi približno 5 minut pražite narezano rdečo čebulo, narezano korenje, narezano rdečo papriko in sesekljan česen, dokler se ne začnejo mehčati.

d) V ločeni ponvi zmešajte beli kis, vodo, lovorjev list, posušen origano, mleto kumino, papriko, sol in poper. Mešanico zavremo.

e) Prepraženo zelenjavo dodamo v vrelo mešanico kisa. Ogenj zmanjšamo in pustimo vreti približno 10 minut, da se okusi prepojijo.

f) Ocvrte ribje fileje razporedimo po plitvi posodi. Ribe prelijemo z mešanico kisa in zelenjave, tako da jih popolnoma prekrijemo. Posodo ohladimo na sobno temperaturo.

g) Posodo pokrijemo in postavimo v hladilnik za vsaj 2 uri ali čez noč, da se ribe navzamejo okusov.

h) Escabeche de Pescado/kisle ribe postrezite ohlajene, okrašene s svežim cilantrom ali peteršiljem.

i) Ribe in zelenjavo z marinado lahko uživate kot prilogo ali postrežete z rižem ali kruhom.

JUHJI

74. Krompirjeva juha Chupe de Ollucos/Olluco

SESTAVINE:
- 2 žlici. rastlinsko olje
- 1 čebula, drobno sesekljana
- 2 stroka česna, nasekljana
- 1 čajna žlička mleta kumina
- 1 čajna žlička posušen origano
- 4 skodelice zelenjavne ali piščančje juhe
- 4 srednje veliki oluki, olupljeni in narezani na kocke
- 2 srednje velika krompirja, olupljena in narezana na kocke
- 1 skodelica evaporiranega mleka
- 1 skodelica queso fresco ali feta sira, zdrobljenega
- Sol in poper po okusu
- Svež cilantro, sesekljan (za okras)

NAVODILA:

a) V velikem loncu na srednjem ognju segrejte rastlinsko olje.

b) Dodamo sesekljano čebulo in sesekljan česen ter pražimo, da se čebula zmehča in postekleni.

c) Vmešajte mleto kumino in posušen origano ter kuhajte še kakšno minuto, da se začimbe prepražijo.

d) V lonec dodajte zelenjavno ali piščančjo juho in jo zavrite.

e) V lonec dodamo na kocke narezan olucos in krompir. Zmanjšajte ogenj in kuhajte, dokler se zelenjava ne zmehča, približno 15-20 minut.

f) Z mečkalcem za krompir ali hrbtno stranjo žlice nežno pretlačite nekaj krompirja ob steno lonca, da zgostite juho.

g) Vmešajte evaporirano mleko in nadrobljen sir queso fresco ali feta. Med občasnim mešanjem dušimo še 5 minut, dokler se sir ne stopi in se juha rahlo zgosti.

h) Začinimo s soljo in poprom po okusu.

i) Lonec odstavite z ognja in pustite, da se nekoliko ohladi, preden ga postrežete.

j) Krompirjevo juho Chupe de Ollucos/Olluco stresite v sklede in okrasite s svežim cilantrom.

k) Juho postrezite vročo in uživajte v prijetnih okusih Chupe de Ollucos/Olluco krompirjeve juhe.

75. Chupe de Camote/juha iz sladkega krompirja

SESTAVINE:
- 2 žlici. rastlinsko olje
- 1 čebula, drobno sesekljana
- 2 stroka česna, nasekljana
- 2 žlički. mleta kumina
- 1 čajna žlička posušen origano
- 4 skodelice zelenjavne ali piščančje juhe
- 2 velika sladka krompirja, olupljena in narezana na kocke
- 1 skodelica koruznih zrn (sveža ali zamrznjena)
- 1 skodelica evaporiranega mleka
- 1 skodelica queso fresco ali feta sira, zdrobljenega
- Sol in poper po okusu
- Svež cilantro, sesekljan (za okras)

NAVODILA:
a) V velikem loncu na srednjem ognju segrejte rastlinsko olje.
b) Dodamo sesekljano čebulo in sesekljan česen ter pražimo, da se čebula zmehča in postekleni.
c) Vmešajte mleto kumino in posušen origano ter kuhajte še kakšno minuto, da se začimbe prepražijo.
d) V lonec dodajte zelenjavno ali piščančjo juho in jo zavrite.
e) V lonec dodamo na kocke narezan sladki krompir in koruzna zrna. Zmanjšajte ogenj in kuhajte, dokler se sladki krompir ne zmehča, približno 15-20 minut.
f) Z mečkalnikom za krompir ali hrbtno stranjo žlice nežno pretlačite nekaj sladkega krompirja ob steno lonca, da zgostite juho.
g) Vmešajte evaporirano mleko in nadrobljen sir queso fresco ali feta. Med občasnim mešanjem dušimo še 5 minut, dokler se sir ne stopi in se juha rahlo zgosti.
h) Začinimo s soljo in poprom po okusu.
i) Lonec odstavite z ognja in pustite, da se nekoliko ohladi, preden ga postrežete.
j) Chupe de Camote/juho iz sladkega krompirja nalijte v sklede in okrasite s svežim cilantrom.
k) Juho postrezite vročo in uživajte v prijetnih okusih Chupe de Camote/juhe iz sladkega krompirja.

76.Juha s piščancem in cilantrom (Aguadito de Pollo)

SESTAVINE:
- 4 piščančje krače ali enakovredna količina na kocke narezanega surovega piščanca. Sol in poper
- ¼ skodelice rastlinskega olja
- ½ skodelice čebule, drobno sesekljane
- 2 stroka česna, pretlačena
- 2 sveža aji amarillo, sesekljana, ali 3 žlice paste (glejte opombo) 2 skodelici listov cilantra (zavrzite stebla)
- 4 skodelice piščančje juhe
- 1 skodelica temnega piva (neobvezno)
- ½ rdeče paprike, narezane na rezine
- 1 skodelica korenčka, narezanega na kocke
- ½ skodelice dolgozrnatega riža
- 4 srednje rumeni krompirji, olupljeni in narezani na kocke ½ skodelice zelenega graha

NAVODILA:
a) Piščanca začinimo s soljo in poprom. V ponvi na srednjem ognju segrejte rastlinsko olje, dodajte kose piščanca in jih prepražite. Kose piščanca preložimo na krožnik in pustimo na toplem. V isti ponvi prepražimo čebulo in česen do zlate barve.

b) Liste cilantra in svež aji amarillo zmešajte z ¼ skodelice vode v mešalniku do gladkega; dodajte čebulni mešanici skupaj s piščančjo osnovo, pivo, če ga uporabljate, piščanca, krompir in korenje. Zavremo, zmanjšamo ogenj, pokrijemo s pokrovko in pustimo vreti 20 minut.

c) Dodamo riž, lonec pokrijemo in dušimo, dokler ni riž pečen. Zadnjih nekaj minut kuhanja dodajte grah.

d) Okrasite z rezinami rdeče paprike.

77.Chupe de Lentejas/juha iz leče

SESTAVINE:
- 2 skodelici posušene rjave ali zelene leče
- 1 čebula, drobno sesekljana
- 3 stroki česna, sesekljani
- 1 korenček, narezan na kocke
- 1 krompir, narezan na kocke
- 1 skodelica zamrznjenih koruznih zrn
- 1 skodelica narezanih paradižnikov (svežih ali konzerviranih)
- 4 skodelice zelenjavne juhe ali vode
- 1 skodelica mleka ali evaporiranega mleka
- 1 čajna žlička mlete kumine
- 1 čajna žlička posušenega origana
- 1 lovorjev list
- Sol in poper po okusu
- Sesekljan svež peteršilj ali cilantro za okras
- Rezine limete za serviranje

NAVODILA:
a) Lečo sperite pod hladno vodo in odstranite morebitne ostanke ali kamenčke.
b) V velikem loncu na srednjem ognju segrejte nekaj rastlinskega olja.
c) V lonec dodamo sesekljano čebulo in sesekljan česen ter pražimo toliko časa, da čebula postekleni in česen zadiši.
d) V lonec dodamo na kocke narezan korenček, krompir in zamrznjena koruzna zrna.
e) Kuhamo nekaj minut, da se zelenjava zmehča.
f) Vmešajte na kocke narezan paradižnik, mleto kumino, posušen origano in lovorjev list.
g) Kuhamo še minuto, da se okusi povežejo.
h) V lonec dodamo oprano lečo in zalijemo z zelenjavno juho ali vodo.
i) Začinimo s soljo in poprom po okusu.
j) Mešanico zavrite, nato zmanjšajte ogenj na nizko in pustite vreti približno 30-40 minut ali dokler se leča ne zmehča in skuha. Občasno premešamo.
k) Ko je leča kuhana, vmešajte mleko ali evaporirano mleko.
l) Konsistenco prilagodite tako, da po želji dodate več tekočine.
m) Kuhajte Chupe de Lentejas/lečino juho dodatnih 5-10 minut, da se segreje in pusti, da se okusi prepojijo.
n) Odstavite lonec z ognja in zavrzite lovorjev list.
o) Chupe de Lentejas/lečino juho postrezite vročo, okrašeno s sesekljanim svežim peteršiljem ali cilantrom.
p) Postrezite z rezinami limete ob strani za stiskanje čez enolončnico.

78. Chupe de Quinua/Quinoa Chowder

SESTAVINE:
- 1 skodelica kvinoje, oplaknjena
- 2 žlici. rastlinsko olje
- 1 čebula, sesekljana
- 2 stroka česna, nasekljana
- 1 korenček, narezan na kocke
- 1 krompir, narezan na kocke
- 1 skodelica koruznih zrn
- 1 skodelica zelenega graha
- 4 skodelice zelenjavne ali piščančje juhe
- 1 skodelica evaporiranega mleka
- 1 čajna žlička mleta kumina
- 1 čajna žlička posušen origano
- Sol in poper po okusu
- Svež cilantro, sesekljan (za okras)

NAVODILA:
a) V velikem loncu na srednjem ognju segrejte rastlinsko olje.
b) Dodamo sesekljano čebulo in sesekljan česen ter pražimo, dokler čebula ne postekleni.
c) V lonec dodamo narezan korenček, krompir, koruzna zrna in zeleni grah. Premešamo in kuhamo nekaj minut, da se zelenjava začne mehčati.
d) Kvinojo temeljito sperite pod hladno vodo.
e) V lonec dodamo kvinojo in premešamo, da se poveže z zelenjavo.
f) Prilijemo zelenjavno ali piščančjo juho in mešanico zavremo. Zmanjšajte ogenj na nizko, lonec pokrijte in kuhajte približno 15-20 minut oziroma dokler se kvinoja in zelenjava ne zmehčata.
g) Vmešajte evaporirano mleko, mleto kumino in posušen origano.
h) Začinimo s soljo in poprom po okusu.
i) Kuhajte še dodatnih 5 minut, da se okusi prepojijo. Odstavimo z ognja in pustimo nekaj minut počivati, nato postrežemo.

79.Chupe de Pallares Verdes/juha iz stročjega fižola

SESTAVINE:
- 2 skodelici zelenega fižola lima (pallares verdes), namočenega čez noč in odcejenega
- 2 žlici. rastlinsko olje
- 1 čebula, drobno sesekljana
- 2 stroka česna, nasekljana
- 1 čajna žlička mleta kumina
- 1 čajna žlička posušen origano
- 4 skodelice zelenjavne ali piščančje juhe
- 2 srednje velika krompirja, olupljena in narezana na kocke
- 1 skodelica evaporiranega mleka
- 1 skodelica queso fresco ali feta sira, zdrobljenega
- Sol in poper po okusu
- Svež peteršilj, sesekljan (za okras)

NAVODILA:

a) V velik lonec dodamo namočen in odcejen zeleni fižol. Prelijemo jih z vodo in zavremo. Zmanjšajte ogenj in kuhajte, dokler se fižol ne zmehča, približno 30-40 minut. Odcedimo in odstavimo.

b) V istem loncu na srednjem ognju segrejte rastlinsko olje.

c) Dodamo sesekljano čebulo in sesekljan česen ter pražimo, da se čebula zmehča in postekleni.

d) Vmešajte mleto kumino in posušen origano ter kuhajte še kakšno minuto, da se začimbe prepražijo.

e) V lonec dodajte zelenjavno ali piščančjo juho in jo zavrite.

f) V lonec dodamo na kocke narezan krompir in kuhan zeleni fižol. Zmanjšajte ogenj in kuhajte, dokler se krompir ne zmehča, približno 15-20 minut.

g) Z mečkalcem za krompir ali hrbtno stranjo žlice nežno pretlačite nekaj krompirja in fižola ob steno lonca, da zgostite juho.

h) Vmešajte evaporirano mleko in nadrobljen sir queso fresco ali feta. Med občasnim mešanjem dušimo še 5 minut, dokler se sir ne stopi in se juha rahlo zgosti.

i) Začinimo s soljo in poprom po okusu.

j) Lonec odstavite z ognja in pustite, da se nekoliko ohladi, preden ga postrežete.

k) Chupe de Pallares Verdes/juho iz stročjega fižola nalijte v sklede in okrasite s svežim peteršiljem.

l) Juho postrezite vročo in uživajte v prijetnih okusih Chupe de Pallares Verdes/juhe iz stročjega fižola.

80.Chupe de Papa/krompirjeva juha

SESTAVINE:
- 6 srednje velikih krompirjev, olupljenih in narezanih na kocke
- 1 čebula, drobno sesekljana
- 2 stroka česna, nasekljana
- 2 žlici. rastlinsko olje
- 4 skodelice piščančje ali zelenjavne juhe
- 1 skodelica mleka
- 1 skodelica evaporiranega mleka
- 1 skodelica zamrznjenih ali svežih koruznih zrn
- 1 skodelica zamrznjenega ali svežega graha
- 1 skodelica queso fresco ali feta sira, zdrobljenega
- 2 jajci
- 2 žlici. svež cilantro, sesekljan
- Sol in poper po okusu

NAVODILA:
a) V velikem loncu na srednjem ognju segrejte rastlinsko olje.
b) Dodamo sesekljano čebulo in sesekljan česen ter pražimo, da se zmehčata in zadišita.
c) V lonec dodamo na kocke narezan krompir in premešamo, da se obloži z mešanico čebule in česna.
d) Prilijemo piščančjo ali zelenjavno juho in mešanico zavremo. Zmanjšajte ogenj na nizko, lonec pokrijte in pustite vreti približno 15-20 minut oziroma dokler se krompir ne zmehča.
e) Z vilicami ali tlačilko za krompir rahlo pretlačimo nekaj krompirja v loncu, da se juha zgosti. To bo Chupe de Papa/krompirjevi juhi dalo kremasto konsistenco.
f) V lonec dodajte mleko, evaporirano mleko, koruzna zrna in grah. Dobro premešamo, da se vse sestavine povežejo.
g) Juho še naprej kuhajte na majhnem ognju še 10-15 minut, da se okusi prepojijo.
h) V ločeni skledi stepemo jajca. Stepenim jajcem postopoma prilivamo zajemalko vroče juhe, pri čemer ves čas mešamo, da se jajca strdijo in prepreči strjevanje.
i) Jajčno zmes med nenehnim mešanjem počasi vlijemo nazaj v lonec. Tako boste juho zgostili in ji dali kremasto strukturo.
j) V lonec dodajte zdrobljen sir queso fresco ali feta in mešajte, dokler se ne stopi v juho.
k) Chupe de Papa/krompirjevo juho začinite s soljo in poprom po okusu. Začimbe prilagodite svojim željam.
l) Nazadnje po juhi potresemo svež koriander in jo rahlo premešamo.
m) Chupe de Papa/krompirjevo juho postrezite vročo v skledah, po želji okrašeno z dodatnim cilantrom.

SLADICA

81. Humitas/Dušene koruzne pogače

SESTAVINE:
- 6 svežih klasjev koruze
- 1 čebula, drobno sesekljana
- 2 žlici. rastlinsko olje
- 1 žlica pasta ají amarillo (neobvezno, za pikantnost)
- 1 čajna žlička mleta kumina
- 1 čajna žlička paprika
- Sol in poper po okusu
- Koruzni olupki, namočeni v vodi vsaj 1 uro

NAVODILA:

a) Začnite tako, da s koruznih klasov odstranite lupine in jih postavite na stran. Koruzna zrna previdno oluščite s storžev, pri čemer pazite, da zberete tudi vse koruzno mleko.

b) V mešalniku ali kuhinjskem robotu zmešajte koruzna zrna in koruzno mleko, dokler ne dobite gladke zmesi. Dati na stran.

c) V ponvi na srednjem ognju segrejte rastlinsko olje.

d) Dodamo sesekljano čebulo in jo pražimo, da postekleni in zadiši.

e) V ponev dodajte pasto ají amarillo (če jo uporabljate), mleto kumino, papriko, sol in poper. Dobro premešamo, da se poveže in kuhamo še eno minuto.

f) Zmešano koruzno mešanico vlijemo v ponev z začinjeno čebulo. Nenehno mešamo, da se ne naredijo grudice in kuhamo približno 10 minut, da se zmes zgosti.

g) Ponev odstavimo z ognja in pustimo, da se mešanica nekoliko ohladi.

h) Vzemite namočeno koruzno lupino in dodajte približno 2 žlici. koruzne mešanice v sredini. Lupino zložite čez nadev in tako ustvarite pravokoten paket. Zavežite konce lupine s tankim trakom namočene lupine ali kuhinjsko vrvico, da pritrdite humito.

i) Postopek ponavljamo s preostalo koruzno mešanico in olupki, dokler ne porabimo vse mešanice.

j) Velik lonec napolnite z vodo in jo zavrite. Nad lonec postavite košaro za kuhanje na pari ali cedilo in pazite, da se ne dotika vode.

k) Zavite Humitas/poparjene koruzne pogače razporedite v košaro za kuhanje na pari, pokrijte lonec s pokrovom in kuhajte na pari približno 45 minut do 1 ure ali dokler niso Humitas/poparjene koruzne pogače čvrste in kuhane.

l) Odstranite Humitas/poparjene koruzne kolačke iz parnega kuhalnika in pustite, da se nekoliko ohladijo, preden jih odvijete in postrežete.

82. Arroz con Leche/rižev puding

SESTAVINE:
- 1 skodelica belega riža
- 4 skodelice mleka
- 1 skodelica vode
- 1 cimetova palčka
- 1 skodelica sladkorja (prilagodite okusu)
- 1 čajna žlička ekstrakta vanilje
- Lupina 1 limone (neobvezno)
- Mleti cimet za okras

NAVODILA:
a) Riž sperite pod mrzlo vodo, da odstranite odvečni škrob.
b) V velikem loncu zmešajte oplaknjen riž, mleko, vodo in cimetovo palčko.
c) Lonec postavite na srednje močan ogenj in mešanico zavrite.
d) Zmanjšajte ogenj na nizko in kuhajte, občasno premešajte, da se ne sprime, približno 20 minut oziroma dokler riž ni kuhan in mehak.
e) Dodamo sladkor in mešamo, dokler se popolnoma ne raztopi.
f) Nadaljujte s kuhanjem riževega pudinga na šibkem ognju in ob pogostem mešanju še 10-15 minut oziroma dokler se mešanica ne zgosti do kremaste konsistence.
g) Odstavite lonec z ognja in vmešajte vanilijev ekstrakt in limonino lupinico (če uporabljate). Pustite, da se Arroz con Leche/rižev puding ohladi nekaj minut.
h) Odstranite cimetovo palčko iz lonca.
i) Arroz con Leche/rižev puding prenesite v posamezne servirne posodice ali veliko servirno skledo.
j) Po vrhu potresemo mleti cimet za okras.
k) Arroz con Leche/rižev puding postrezite topel ali ohlajen. Uživamo ga lahko samostojno ali z dodatkom cimeta na vrhu.

83. Mazamorra Morada/vijolični koruzni puding

SESTAVINE:

- 2 skodelici vijoličnih koruznih zrn (posušenih)
- 8 skodelic vode
- 1 cimetova palčka
- 4 nageljnove žbice
- 1 skodelica narezanega ananasa
- 1 skodelica narezanega jabolka
- 1 skodelica narezane hruške
- 1 skodelica na kocke narezane kutine (neobvezno)
- 1/2 skodelice suhih sliv
- 1/2 skodelice posušenih marelic
- 1 skodelica sladkorja
- 1/4 skodelice koruznega škroba
- Sok 1 limete
- Mleti cimet za okras

NAVODILA:
a) V velikem loncu zmešajte vijolična koruzna zrna, vodo, cimetovo palčko in nageljnove žbice.
b) Mešanico zavrite, nato zmanjšajte ogenj in pustite vreti približno 45 minut do 1 ure.
c) To bo izvleklo okus in barvo vijolične koruze.
d) Precedite tekočino v drug lonec, pri čemer zavrzite koruzna zrna, cimetovo palčko in nageljnove žbice. Lonec vrnite na ogenj.
e) V lonec dodamo na kocke narezan ananas, jabolko, hruško, kutino (če jo uporabljamo), suhe slive in suhe marelice. Dušimo približno 15 minut oziroma dokler se sadje ne zmehča.
f) V manjši skledi zmešajte sladkor in koruzni škrob.
g) To mešanico dodajte v lonec in dobro premešajte, da se združi.
h) Med stalnim mešanjem kuhamo še 5-10 minut, dokler se zmes ne zgosti.
i) Odstavite lonec z ognja in vmešajte limetin sok.
j) Pustite, da se puding Mazamorra Morada/vijolični koruzni puding ohladi na sobno temperaturo, nato ga postavite v hladilnik za vsaj 2 uri ali dokler se ne ohladi in strdi.
k) Za serviranje nalijte koruzni puding Mazamorra Morada/vijolični v posamezne sklede ali kozarce.
l) Po vrhu potresemo mleti cimet za okras.
m) Uživajte v ohlajenem koruznem pudingu Mazamorra Morada/Purple Corn Pudding kot osvežilni in sladki sladici.

84. Mazamorra de Quinua/puding iz kvinoje

SESTAVINE:
- 1 skodelica kvinoje
- 4 skodelice vode
- 4 skodelice mleka
- 1 cimetova palčka
- 1 čajna žlička ekstrakta vanilje
- 1/2 skodelice sladkorja (prilagodite okusu)
- 1/4 žličke mletih nageljnovih žbic
- 1/4 žličke mletega muškatnega oreščka
- Rozine in/ali sesekljani orehi za okras (neobvezno)

NAVODILA:
a) Kvinojo temeljito sperite pod mrzlo vodo, da odstranite morebitno grenkobo.
b) V velikem loncu zmešajte kvinojo in vodo. Zavremo na srednje močnem ognju, nato zmanjšamo ogenj na nizko in pustimo vreti približno 15 minut ali dokler se kvinoja ne zmehča. Odvečno vodo odcedite.
c) Kuhano kvinojo vrnemo v lonec in ji dodamo mleko, cimetovo palčko, vanilijev ekstrakt, sladkor, mlete nageljnove žbice in mleti muškatni oreček.
d) Mešanico dobro premešamo in na zmernem ognju pustimo vreti.
e) Med občasnim mešanjem kuhajte približno 20-25 minut, dokler se zmes ne zgosti do pudingaste konsistence.
f) Lonec odstavite z ognja in zavrzite cimetovo palčko.
g) Pred serviranjem pustite, da se puding Mazamorra de Quinua/Kvinoja ohladi nekaj minut.
h) Puding Mazamorra de Quinua/Kvinoja postrezite topel ali ohlajen v skledicah ali desertnih skodelicah.
i) Vsako porcijo po želji okrasite z rozinami in/ali sesekljanimi oreščki.

85. Frejol Colado/fižolov puding

SESTAVINE:
- 2 skodelici kuhanega perujskega kanarskega fižola ali pinto fižola
- 1 čebula, sesekljana
- 2 stroka česna, nasekljana
- 2 žlici. rastlinskega olja
- 1 čajna žlička mlete kumine
- 1 čajna žlička posušenega origana
- 1 skodelica piščančje ali zelenjavne juhe
- Sol in poper po okusu
- Neobvezni dodatki: sesekljan cilantro, zdrobljen queso fresco, narezana rdeča čebula ali ocvrte svinjske olupke (chicharrones)

NAVODILA:
a) V velikem loncu na srednjem ognju segrejte rastlinsko olje.
b) Dodamo sesekljano čebulo in sesekljan česen ter pražimo toliko časa, da čebula postekleni in česen zadiši.
c) V lonec dodamo mleto kumino in posušen origano ter kuhamo minuto, da se začimbe prepražijo.
d) V lonec dodamo kuhan fižol in premešamo, da se poveže s čebulo in mešanico začimb.
e) Prilijemo piščančjo ali zelenjavno juho ter po okusu začinimo s soljo in poprom.
f) Mešanico zavremo in pustimo kuhati približno 10 minut, da se okusi prepojijo.
g) S potopnim mešalnikom ali navadnim mešalnikom pretlačite mešanico fižola v pire, dokler ni gladka in kremasta. Če uporabljate običajni mešalnik, mešanico mešajte v serijah in bodite previdni pri vroči tekočini.
h) Če je konsistenca pregosta, lahko dodate več juhe ali vode, da dosežete želeno gostoto.
i) Lonec pristavimo na nizek ogenj in nadaljujemo s kuhanjem Frejol Colado/fižolovega pudinga še dodatnih 5 minut, občasno premešamo.
j) Okusite in po potrebi prilagodite začimbe.
k) Odstranite z ognja in vroče postrezite Frejol Colado/fižolov puding.
l) Vsako porcijo po želji okrasite s sesekljanim cilantrom, zdrobljenim queso fresco, narezano rdečo čebulo ali ocvrtimi svinjskimi lupinami.

86. Sendviči s karamelnimi piškoti (Alfajores)

SESTAVINE:
- 1 skodelica koruznega škroba
- 1 ¼ skodelice moke
- ¾ skodelice sladkorja v prahu ½ žličke. pecilni prašek 1/8 žličke. morska sol
- 2 palčki masla, narezani na kocke
- 1 13 oz. lahko sladkano kondenzirano mleko, ali kupljen dulce de leche

NAVODILA:
ZA DULCE DE LECHE
a) S pločevinke sladkanega kondenziranega mleka odstranite nalepko in jo položite v globok lonec. Položite pločevinko na stran in jo pokrijte z vodo za dva centimetra.
b) Zavremo, pokrijemo in pustimo vreti dve do tri ure. Daljši čas vam bo dal temnejšo karamelo. Vsake toliko časa preverite, ali je pločevinka še vedno prekrita z vodo, po potrebi dodajte več.
c) Odstranite iz lonca in pustite, da se ohladi. To se lahko naredi vnaprej. V hladilniku se bo hranil za nedoločen čas. Pred uporabo za mazanje med piškoti segrejte na sobno temperaturo.

ZA PIŠKOTKE
d) Pečico segrejte na 350 stopinj.
e) Vse suhe sestavine dajte skupaj v kuhinjski robot in nekajkrat premešajte, da se dobro povežejo. Dodajte na kocke narezano maslo in mešajte, dokler se ne začne združevati v kroglo. Ne premešajte – moralo bi izgledati kosmato – in preostanek testa boste stisnili skupaj na pult.
f) Sploščite v disk, zavijte v plastiko in postavite v hladilnik za 30 minut, da se malo strdi.
g) Testo razvaljamo približno ¼" debelo in izrežemo z majhnim okroglim modelčkom za piškote. Rezalnik, ki sem ga uporabil, je bil širok približno 2 palca, vendar se kozarec dobro obnese. Kroglice položite na pekač, obložen s pergamentom, in pecite 1012 minut, dokler ni spodnji del rahlo rjav, zgornji pa še vedno bel. Povsem ohladite.
h) Sendviče s piškoti sestavite tako, da na eno polovico piškota namažete 12 čajnih žličk dulce de leche in na vrh položite drugo.
i) Potresemo s sladkorjem v prahu in pojemo!

87. Torta Tres Leches (Pastel de Tres Leches)

SESTAVINE:
ZA TORTO:
- 1 skodelica večnamenske moke
- 1 1/2 žličke pecilnega praška
- 1/4 čajne žličke soli
- 4 velika jajca
- 1 skodelica granuliranega sladkorja
- 1/3 skodelice polnomastnega mleka
- 1 čajna žlička vanilijevega ekstrakta

ZA MEŠANICO TRIH MLEKOV:
- 1 pločevinka (14 unč) sladkanega kondenziranega mleka
- 1 pločevinka (12 unč) evaporiranega mleka
- 1 skodelica polnomastnega mleka

ZA PRELIV:
- 2 skodelici težke smetane
- 2 žlici sladkorja v prahu
- Mleti cimet za okras

NAVODILA:
a) Pečico segrejte na 350 °F (175 °C) in namastite pekač velikosti 9x13 palcev.
b) V skledo presejemo moko, pecilni prašek in sol.
c) V ločeni skledi stepite jajca in sladkor skupaj, da postanejo rahla in puhasta. Dodajte mleko in vanilijev ekstrakt ter dobro premešajte.
d) Jajčni zmesi postopoma dodajamo suhe sestavine in mešamo do gladkega.
e) Maso vlijemo v pripravljen pekač in pečemo približno 30 minut oziroma dokler zobotrebec, ki ga zapičimo v sredino, ne izstopi čist.
f) Ko je torta še topla, jo vse skupaj prebodemo z vilicami.
g) V ločeni skledi zmešajte tri mleka (sladkano kondenzirano mleko, evaporirano mleko in polnomastno mleko).
h) Topel kolač enakomerno prelijemo z mešanico treh mlec. Pustimo, da se prepoji in ohladi na sobno temperaturo.
i) V drugi skledi stepemo smetano s sladkorjem v prahu, dokler ne nastanejo čvrsti vrhovi.
j) Po vrhu torte premažite stepeno smetano.
k) Torto Tres Leches ohladite v hladilniku nekaj ur, preden jo postrežete.
l) Tik pred serviranjem potresemo z mletim cimetom.

88. Suspiro a la Limeña (perujska sladica s karamelo in meringue)

SESTAVINE:
ZA KARAMELO:
- 1 skodelica granuliranega sladkorja
- 1/4 skodelice vode

ZA MERINGUE:
- 4 beljaki
- 1 skodelica granuliranega sladkorja
- 1 čajna žlička vanilijevega ekstrakta

ZA KRAJMO:
- 1 pločevinka (14 unč) sladkanega kondenziranega mleka
- 4 rumenjaki
- 1 čajna žlička vanilijevega ekstrakta

NAVODILA:
a) V ponvi zmešajte sladkor in vodo za karamelo. Kuhajte na zmernem ognju, občasno premešajte, dokler ne postane zlato karamelne barve. Karamelo vlijemo na dno servirne posode ali velike steklene sklede.
b) V posodi za mešanje stepamo beljake v trd sneg. Postopoma dodajte sladkor in vanilijev ekstrakt ter stepajte, dokler ne postane sijajna.
c) V ločeni skledi zmešajte sladkano kondenzirano mleko, jajčne rumenjake in vanilijev ekstrakt, dokler se dobro ne premešajo.
d) Beljakovo zmes previdno vmešamo v kremno zmes.
e) Mešanico kreme prelijemo čez karamelo v servirnih posodah.
f) Pred serviranjem hladite v hladilniku nekaj ur. Karamela se bo dvignila na vrh in ustvarila čudovito dvoplastno sladico.

89. Mazamorra Morada / vijolični koruzni puding

SESTAVINE:
- 2 skodelici vijoličnega koruznega soka (koncentrat mazamorra morada)
- 1 skodelica posušenih vijoličnih koruznih zrn
- 1 cimetova palčka
- 4 nageljnove žbice
- 1 skodelica sladkorja
- 1/2 skodelice krompirjevega škroba
- Koščki ananasa in suhe slive za okras

NAVODILA:
a) V velikem loncu zmešajte škrlatni koruzni sok, posušena škrlatna koruzna zrna, cimetovo palčko in nageljnove žbice. Zavremo in nato pustimo vreti približno 20 minut.
b) V ločeni skledi zmešajte krompirjev škrob z malo vode, da nastane kaša.
c) V lonec med nenehnim mešanjem dodamo zmes sladkorja in krompirjevega škroba. Nadaljujte s kuhanjem, dokler se zmes ne zgosti.
d) Odstranite z ognja in pustite, da se ohladi.
e) Pred serviranjem okrasite s koščki ananasa in suhimi slivami.

90.Picarones (perujski bučni krofi s sirupom)

SESTAVINE:
ZA PICARONES:
- 2 skodelici večnamenske moke
- 1 skodelica pretlačene buče (kuhane in pretlačene)
- 1/4 skodelice sladkega krompirjevega pireja
- 1 čajna žlička aktivnega suhega kvasa
- 1 čajna žlička janeževih semen
- 1/4 čajne žličke soli
- Rastlinsko olje za cvrtje

ZA SIRUP:
- 1 skodelica temno rjavega sladkorja
- 1/2 skodelice vode
- 2 cimetovi palčki
- 2 nageljnove žbice

NAVODILA:
a) V skledi zmešamo moko, pretlačeno bučo, pire iz sladkega krompirja, aktivni suhi kvas, janeževa semena in sol. Mešajte, dokler ne nastane lepljivo testo.
b) Skledo pokrijemo in pustimo, da testo vzhaja približno 1 uro, dokler se ne podvoji.
c) V velikem loncu segrejte rastlinsko olje za cvrtje.
d) Zmočite roke in majhne dele testa oblikujte v kolobarje ali osmice.
e) Pikarone previdno polagamo v segreto olje in jih na obeh straneh zlato zapečemo.
f) V ločeni ponvi zmešajte temno rjavi sladkor, vodo, cimetove palčke in nageljnove žbice. Kuhajte na majhnem ognju, da nastane sirup.
g) Ocvrte pikarone pomakamo v sirup in še tople postrežemo.

91. Alfajores de Maicena (perujski koruzni škrob Alfajores)

SESTAVINE:

Za piškotke:
- 2 skodelici koruznega škroba
- 1 1/4 skodelice večnamenske moke
- 1/2 skodelice nesoljenega masla, zmehčanega
- 1/2 skodelice sladkorja v prahu
- 3 rumenjaki
- 1 čajna žlička pecilnega praška
- 1/2 čajne žličke vanilijevega ekstrakta
- Lupina 1 limone

Za nadev:
- 1 skodelica karameliziranega mleka (dulce de leche)
- Sladkor v prahu za posipanje

NAVODILA:
a) Pečico segrejte na 350°F (175°C).
b) V skledi penasto stepemo zmehčano maslo in sladkor v prahu.
c) Dodajte rumenjake, enega za drugim, in po vsakem dodajanju dobro premešajte.
d) Vmešajte vanilijev ekstrakt in limonino lupinico.
e) Presejte koruzni škrob, večnamensko moko in pecilni prašek. Mešajte dokler ne dobite mehkega testa.
f) Testo razvaljajte na pomokani površini na približno 1/4-palčni debelino.
g) Z modelčkom za piškote izrežite majhne kroge.
h) Kroglice položite na pekač, obložen s pergamentnim papirjem, in pecite približno 10-12 minut oziroma dokler ne postanejo rahlo zlate barve.
i) Pustimo, da se piškoti popolnoma ohladijo.
j) Na dno enega piškota namažite plast dulce de leche in na vrh položite drugega, da naredite sendvič.
k) Alfajore pred serviranjem potresemo s sladkorjem v prahu.

92. Helado de Lucuma (sladoled Lucuma)

SESTAVINE:
- 2 skodelici lucumine kaše (zamrznjene ali v pločevinkah)
- 2 skodelici težke smetane
- 1 skodelica sladkanega kondenziranega mleka
- 1 čajna žlička vanilijevega ekstrakta

NAVODILA:
a) V mešalniku zmešajte pulpo lucume, smetano, sladkano kondenzirano mleko in ekstrakt vanilije.
b) Mešajte, dokler zmes ni gladka in dobro združena.
c) Zmes vlijemo v aparat za sladoled in stepamo po navodilih proizvajalca.
d) Sladoled prenesite v nepredušno posodo in zamrznite, dokler ni čvrst.
e) Postrezite sladoled lucuma v kepicah in uživajte v tej sladki in kremasti perujski poslastici.

PIJAČE

93. Chicha de Jora/fermentirano koruzno pivo

SESTAVINE:

- 2 funta jora koruze (vijolične koruze)
- 1 funt narezanega ananasa
- 1 cimetova palčka
- 4 nageljnove žbice
- 1 žlica posušenih listov huacatay (neobvezno)
- 2 litra vode
- 1 skodelica sladkorja (prilagodite okusu)
- Sok 2 limet

NAVODILA:
a) Jora koruzo sperite pod hladno vodo, da odstranite umazanijo ali ostanke.
b) Jora koruzo dajte v velik lonec in dodajte toliko vode, da je prekrita. Pustimo ga namakati čez noč ali vsaj 8 ur, da se zmehča.
c) Namočeno koruzo jora odcedimo in vodo od namakanja zavržemo.
d) V velik lonec dodajte namočeno jora koruzo, sesekljan ananas, cimetovo palčko, nageljnove žbice in posušene liste huacatay (če jih uporabljate).
e) V lonec nalijte 2 litra vode in zagotovite, da so vse sestavine potopljene.
f) Mešanico zavrite na srednjem ognju.
g) Zmanjšajte ogenj na nizko in pustite vreti približno 2 uri, občasno premešajte. V tem času bo koruza sprostila svoje naravne sladkorje in okuse.
h) Po 2 urah lonec odstavimo z ognja in pustimo, da se ohladi na sobno temperaturo.
i) Precedite tekočino skozi sito z drobno mrežico ali gazo, pri čemer zavrzite trdne ostanke (koruzo, ananas, začimbe).
j) Precejeno tekočino vrnemo v lonec in po okusu dodamo sladkor. Mešajte, dokler se sladkor ne raztopi.
k) V lonec iztisnite sok 2 limet in premešajte, da se združi.
l) Prenesite Chicha de Jora/fermentirano koruzno pivo v vrč ali posamezne servirne kozarce.
m) Chicha de Jora/fermentirano koruzno pivo ohladite, dokler se ne ohladi, ali pa ga postrezite na ledu.
n) Chicha de Jora/fermentirano koruzno pivo pred serviranjem premešajte, saj se lahko sčasoma usede in loči.
o) Po želji lahko vsak kozarec okrasite s posipom mletega cimeta ali rezino ananasa.

94. Chicha Morada/vijolična koruzna pijača

SESTAVINE:
- 2 velika vijolična koruzna storža
- 8 skodelic vode
- 1 ananas, olupljen in narezan na koščke
- 2 jabolki, olupljeni, brez peščic in narezani na kocke
- 1 cimetova palčka
- 4 nageljnove žbice
- 1 skodelica sladkorja (prilagodite okusu)
- Sok 2 limet
- Ledene kocke (za serviranje)
- Listi sveže mete (za okras)

NAVODILA:
a) V velikem loncu zmešajte vijolične koruzne storže in vodo. Na srednjem ognju zavremo.
b) Zmanjšajte ogenj na nizko in pustite vreti približno 30 minut, da se iz koruze izločijo okusi in barva.
c) Odstranite vijolične koruzne storže iz lonca in jih zavrzite. Vijolično tekočino odstavite.
d) V ločenem loncu dodajte koščke ananasa, na kocke narezana jabolka, cimetovo palčko in nageljnove žbice.
e) Prihranjeno vijolično tekočino vlijemo v lonec s sadjem in začimbami.
f) Mešanico zavrite, nato zmanjšajte ogenj in kuhajte približno 20 minut, da se sadje in začimbe prepojijo s svojimi okusi v tekočino.
g) Odstranite lonec z ognja in precedite tekočino, da odstranite trdne delce. Zavrzite sadje in začimbe.
h) Vmešajte sladkor in limetin sok ter prilagodite sladkost in kislost svojemu okusu.
i) Pustite, da se pijača Chicha Morada/Purple Corn Drink ohladi na sobno temperaturo, nato pa jo postavite v hladilnik za vsaj 2 uri, da se ohladi.
j) Pijačo Chicha Morada/Purple Corn Drink postrezite nad ledenimi kockami v kozarcih in okrasite z listi sveže mete.

95.Inca Kola (perujska rumena soda)

SESTAVINE:
- 4 skodelice vode
- 2 skodelici granuliranega sladkorja
- 1 žlica ekstrakta limonine verbene
- 1 žlica limoninega ekstrakta
- 1 žlica pomarančnega izvlečka
- 1 žlica ekstrakta mandarine
- 1 žlica izvlečka cimeta
- Rumena jedilna barva (neobvezno)

NAVODILA:
a) V ponvi zmešajte vodo in sladkor. Segrevajte na zmernem ognju in mešajte, dokler se sladkor popolnoma ne raztopi.
b) Odstranite z ognja in pustite, da se sirup ohladi na sobno temperaturo.
c) V sirup dodajte izvleček limonine verbene, izvleček limone, pomaranče, mandarine in cimeta. Če želite, dodajte rumeno jedilno barvo, da dosežete značilno svetlo rumeno barvo.
d) Dobro premešajte in prenesite Inca Kola sirup v steklenico ali posodo.
e) Za serviranje sirup zmešajte z gazirano vodo v razmerju 3:1 (gazirana voda proti sirupu) ali pa razmerje prilagodite svojemu okusu.
f) Dodajte led in uživajte v sladkem in sadnem okusu Inca Kole.

96.Maracuyá Sour (kisla pasijonka)

SESTAVINE:
- 2 oz Pisco (perujsko žganje iz grozdja)
- 1 oz pireja iz pasijonke
- 1 oz svežega limetinega soka
- 3/4 oz preprostega sirupa
- Led
- Sveža semena pasijonke za okras (neobvezno)

NAVODILA:
a) V shakerju zmešajte Pisco, pire iz pasijonke, svež limetin sok in preprost sirup.
b) V stresalnik dodajte led in ga močno stresajte približno 15 sekund.
c) Mešanico precedite v ohlajen starinski kozarec ali kozarec za koktajle.
d) Po želji okrasite s svežimi semeni pasijonke.
e) Postrezite Maracuyá Sour in uživajte v tropskih okusih.

97. Čaj iz koke (Mate de Coca)

SESTAVINE:
- 1-2 kokini čajni vrečki ali 1-2 čajni žlički posušenih kokinih listov
- 1 skodelica vroče vode
- Med ali sladkor (neobvezno)

NAVODILA:
a) V skodelico položite čajno vrečko koke ali posušene liste koke.
b) Čajno vrečko ali liste koke prelijte z vročo vodo.
c) Pustite, da se strmi 5-10 minut ali dokler ne doseže želene moči.
d) Po želji sladkajte z medom ali sladkorjem.
e) Uživajte v čaju iz koke, tradicionalnem perujskem zeliščnem poparku, znanem po svojem blagem, zemeljskem okusu.

98.Jugos Naturales (sveži sadni sokovi)

SESTAVINE:
- Različno sveže sadje (npr. papaja, mango, ananas, pomaranča, gvanabana)
- Voda ali mleko (za kremne različice)
- Sladkor (neobvezno)

NAVODILA:
a) Izberite želeno kombinacijo svežega sadja in ga narežite na krhlje.
b) Sadne koščke dajte v mešalnik.
c) Dodajte vodo ali mleko, da dosežete želeno gostoto (voda za redkejši sok, mleko za bolj kremast).
d) Mešajte do gladkega.
e) Okusite in po potrebi dodajte sladkor za sladkost.
f) Po želji precedite sok, da odstranite morebitno pulpo.
g) Postrezite svež sadni sok z ledom in uživajte v naravnih, živahnih okusih.

99.Pisko udarec

SESTAVINE:
- 2 oz Pisco (perujsko žganje iz grozdja)
- 1 oz ananasovega soka
- 1/2 oz svežega limetinega soka
- 1/2 oz preprostega sirupa
- Led
- Rezina svežega ananasa ali češnje za okras

NAVODILA:
a) V stresalniku zmešajte Pisco, ananasov sok, svež limetin sok in preprost sirup.
b) V stresalnik dodajte led in ga močno stresajte približno 15 sekund.
c) Mešanico precedite v ohlajen starinski kozarec ali kozarec za koktajle.
d) Okrasite z rezino svežega ananasa ali češnje.
e) Postrezite Pisco Punch in uživajte v tropskih okusih.

100.Coctel de Camu Camu (sadni koktajl Camu Camu)

SESTAVINE:
- 2 skodelici svežega sadja camu camu (ali soka camu camu, če je na voljo)
- 1/2 skodelice pisca (perujsko žganje iz grozdja)
- 2 žlici medu
- 1 skodelica ledu
- Sveže jagode camu camu za okras (neobvezno)

NAVODILA:
a) V mešalniku zmešajte sveže sadje camu camu, pisco, med in led.
b) Mešajte do gladkega.
c) Okusite in prilagodite sladkost z dodajanjem več medu, če želite.
d) Coctel de Camu Camu nalijemo v kozarce.
e) Okrasite s svežimi jagodami camu camu, če so na voljo.
f) Postrezite koktajl camu camu in uživajte v edinstvenem in ostrem okusu tega amazonskega sadeža.

ZAKLJUČEK

Ko se naša odisejada perujske ulične hrane bliža koncu, upamo, da ste uživali v tej okusni pustolovščini po ulicah Peruja. Z vsakim grižljajem ste odpotovali globlje v srce kulinarične kulture, ki je tako raznolika kot tudi okusna.

Spodbujamo vas, da nadaljujete z raziskovanjem sveta perujske ulične hrane, tako v svoji kuhinji kot, če je mogoče, na živahnih ulicah Peruja. Preizkusite se z recepti, delite jih s prijatelji in družino ter uživajte v spominih svojega potovanja.

Ne pozabite, da svet ulične hrane ni le hrana; gre za povezovanje s skupnostmi, sprejemanje različnih tradicij in deljenje veselja ob okusnih obrokih. Upamo, da vas je ta knjiga navdihnila, da poiščete pristne okuse perujske ulične hrane in se morda podate na lastno kulinarično odisejado. Hvala, ker ste se nam pridružili na tej okusni pustolovščini in naj bodo vaši prihodnji obroki vedno polni duha kulture ulične hrane v Peruju. ¡Buen provecho!

www.ingramcontent.com/pod-product-compliance
Lightning Source LLC
Chambersburg PA
CBHW071318110526
44591CB00010B/933